ANTJE BEK

WALDORFPÄDAGOGIK ALS SPIRITUELLE PÄDAGOGIK

FREIHEIT - GLEICHHEIT - BRÜDERLICHKEIT

WAS KANN FÜR EINE HEILSAME ZUKUNFT DER MENSCHHEIT GETAN WERDEN?

Antje Bek

Waldorfpädagogik als spirituelle Pädagogik

Was kann für eine heilsame Zukunft der Menschheit getan werden?

2. Auflage

Umschlagfoto: Jeremy Bishop/Unsplash

Bibliografische Information der Deutschen Nationalbibliothek:
Die Deutsche Nationalbibliothek verzeichnet diese Publikation in der
Deutschen Nationalbibliografie; detaillierte bibliografische Daten sind
im Internet über http://dnb.dnb.de abrufbar.

Herstellung und Verlag: BoD – Books on Demand, Norderstedt
ISBN: 978-3-7557-9908-5

Inhaltsverzeichnis

Vorwort

„Denn nur aus diesen geistigen Welten kann dasjenige kommen, was der gegenwärtigen Menschheit Kraft geben kann, weiter den Lebenspfad als ganze Menschheit zu gehen."

Rudolf Steiner[1]

Die aktuelle Krise, die eine sich über die gesamte Erde erstreckende Krise ist, hat einerseits vieles ans Licht gebracht, was vorher schon latent wahrnehmbar war, und andererseits zu einer Spaltung der Menschheitsfamilie geführt, die insbesondere hier in Deutschland deutlich zu erleben ist. Hinzu kommt das Leid, das vor allem auch den Kindern und Jugendlichen in dieser Krise zugefügt wurde und wird, wissenschaftliche Studien sowie überfüllte Stationen in Kinder- und Jugendpsychiatrien legen Zeugnis davon ab. In dieser Zeit fällt es nicht immer leicht weiterhin hoffnungsvoll in die Zukunft zu blicken, sowie innere Stabilität und Sicherheit zu bewahren.

Für mich persönlich haben sich viele Fragen gestellt, auch bezüglich dessen, womit ich den größten Teil meines Lebens verbracht habe: Der Waldorfpädagogik. Sie ist die einzige Pädagogik, die die spirituelle Seite des heranwachsenden Menschen, d.h. dessen geistigseelisches Wesen konsequent berücksichtigen möchte, die durch die Anthroposophie einen ganz konkreten Zugang zu dieser Seite des Menschen ermöglicht, aber auch praktische pädagogische Hinweise gibt.

In der aktuellen Situation sehe ich die Notwendigkeit einer spirituellen Pädagogik für eine heilsame Menschheitszukunft größer denn je; gleichzeitig stellen sich ihr in zunehmendem Maße nicht zu übersehende Hindernisse entgegen. Gerade an dieser Situation können und dürfen wir weiter erwachen!

Rudolf Steiner hat in der völlig desolaten Situation nach dem ersten Weltkrieg, auch mit der Eröffnung der ersten Waldorfschule 1919 in Stuttgart, der Menschheit einen Weg gezeigt, wie wir, auch bei uns selbst beginnend, eine Heilung der gesellschaftlichen Verhältnisse in größerem Umfang in Angriff nehmen können. Er ist dabei stets vom Menschen selbst ausgegangen und hat von ihm abgelesen, was für seine weitere Entwicklung förderlich sein kann. Die Idee der von ihm so benannten „Sozialen Dreigliederung" hat er der Menschheit als einen solchen Weg aufgezeigt, die Erziehungsfrage sah er in engem Zusammenhang mit der der Zukunft von Menschheit und Erde. Die Art und Weise wie Kinder aufwachsen, wie sie begleitet werden bei ihrem Weg auf die Erde, hatte und hat in diesem Zusammenhang einen entscheidenden Einfluss darauf, wie die Menschheitsfamilie in Zukunft zusammenleben wird.

Aus dieser Haltung, auch Hoffnung heraus, sind die nachfolgenden Beiträge entstanden, die zunächst in loser Reihenfolge auf meinem Blog [2] und auf meinem Telegram-Kanal[3] veröffentlicht wurden; für die Buchausgabe habe ich sie überarbeitet und aktualisiert. Die ersten fünf Beiträge hängen thematisch eng zusammen, die danach folgenden möchten einzelne Gedanken vertiefen.

Ich hoffe, dass dieses Buch Mut machen kann, sich weiterhin für das Wohl der Kinder und damit auch für unser aller Zukunft einzusetzen![*]

Antje Bek

Witten, im Januar 2022

---

[*] Wegen der besseren Lesbarkeit gehe ich mit der weiblichen/männlichen Form im Nachfolgenden sehr frei um. Wird die männliche Form benutzt, ist die weibliche immer mitgemeint! Ich hoffe auf wohlwollendes Verständnis der LeserInnen.

Freiheit – Gleichheit – Brüderlichkeit

I Die Zukunft der Menschheit

„Die große Frage für die Zukunft wird sein: Wie werden wir uns zu benehmen haben gegenüber den Kindern, wenn wir sie so erziehen wollen, dass sie als Erwachsene in das Soziale, das Demokratische, in das Liberale im umfassendsten Sinne hineinwachsen können? Und eine der allerwichtigsten der sozialen Fragen für die Zukunft, ja schon für die Gegenwart, ist einmal die Erziehungsfrage.“

Rudolf Steiner [4]

Das soziale und gesellschaftliche Leben scheint aus den Fugen geraten zu sein. Die Aktion der Schauspieler „Alles dicht machen" und die sich daran anschließende Diskussion, Kampagne und Diffamierung war nur ein Beispiel dafür, dass etwas in unserem Zusammenleben ganz und gar nicht mehr stimmt. Unsere Gesellschaft scheint in jeder Hinsicht am Ende zu sein. Aber wie soll es weiter gehen?

Zukunftsvisionen und Soziale Dreigliederung

Es gibt Menschen, die Visionen für eine Zukunft der Menschheit haben, diese formulieren, publizieren und umsetzen wollen. Freiheit und Initiative des Individuums haben in mancher dieser Visionen wenig Platz.[5]

Gibt es andere Visionen? Gibt es Gedanken, Ideen wie das soziale und gesellschaftliche Leben gestaltet werden könnte, sodass es dem Wesen des Menschen, der nicht nur ein physisches, sondern auch ein geistig-seelisches Wesen ist, gerecht werden könnte? Eine solche Idee ist die der „Dreigliederung des sozialen Organismus", wie sie von Rudolf Steiner formuliert wurde. Sie möchte einerseits dem Menschen als einem Ich-begabten Wesen und andererseits unserem Zusammenleben als Menschheitsfamilie gerecht werden.

Die aktuelle Situation als Folge unseres Denkens

Schauen wir heute auf die Menschheit, so ist der jetzige Zustand Ausdruck eines Denkens, das den Menschen auf seinen physischen Körper reduziert. Dies muss zwangsläufig zur Angststarre führen, wenn dieser Körper durch eine Krankheit tatsächlich oder vermeintlich bedroht ist. Gelingt es dem Denken nicht, sich aus dieser zunächst ja durchaus berechtigten Angst zu befreien, weil es im Menschen nur das anerkennt, was den Sinnen wahrnehmbar ist, dann wird die Angst zum inneren Gefängnis. Ähnliches gilt für die Angst vor den Maßnahmen, der Impfpflicht, der Diktatur, der Existenzvernichtung, Schließung der Institution, schlechter Presse etc. Die innere Enge, in die die Angst führt, spiegelt sich auch äußerlich in der Gefangenschaft der Menschheit wider - besonders eindrücklich veranschaulicht durch die weltweit verordneten Lockdowns.

4

Die Bedeutung vom Staate befreiter Schulen

Vor 100 Jahren hat Rudolf Steiner immer wieder darauf hingewiesen, dass es ohne die Wissenschaft vom Geiste (Anthroposophie) keine heilsame Umgestaltung des sozialen Lebens geben wird. Als eine entscheidende Frage in dieser Hinsicht hat er die der Erziehung gesehen. Ohne die Befreiung des Schulwesens vom Staatswesen werde ein menschengemäßes Zusammenleben der Menschheit nicht möglich sein: *„Es ist eine ernste Sache, denn ich sage Ihnen ja nichts Geringeres damit, als daß es ohne Geisteswissenschaft keine soziale Umgestaltung für die Zukunft gibt; aber das ist wahr."* – und jetzt wird Rudolf Steiner ganz konkret: *„Sie werden niemals die Möglichkeit bekommen, die Menschen zum Verständnis zu bringen in einer solchen Weise, wie es notwendig ist in Bezug auf diese Dinge wie Intuition, Imagination, Inspiration, wenn Sie zum Beispiel die Schule dem Staate überlassen."*[6]

Heute – 100 Jahre später – können wir erkennen, wie wahr diese Aussage ist. Niemals in der Geschichte der Menschheit hat der Staat durch seine Gesetze und Verordnungen derart tief in das pädagogische Handeln der LehrerInnen eingegriffen, seien sie als Beamte so genannte „Staatsdiener", seien sie Angestellte einer „Freien Schule".

Auflösung des Schulsystems?

Gleichzeitig scheint sich das „System Schule", wie wir es kannten, immer mehr aufzulösen. Mal waren die Schulen auf und die Hälfte der Klasse durfte kommen (Wechselunterricht), dann ist sie wieder geschlossen - etwa, wenn zu viele Lehrer und Schüler in Quarantäne sind - und es findet Distanzunterricht statt. Die Schulpflicht scheint nicht mehr an die Anwesenheit in einem Schulgebäude gebunden zu sein, sondern eher an die Beachtung sich immer wieder verändernder Verordnungen, eine Impfung, Testpflicht, das Tragen von Masken, das Bearbeiten von Arbeitsblättern oder die Teilnahme am Online-Unterricht. In manchen Bundesländern war und ist die Präsenzpflicht gar ganz aufgehoben oder Verstöße gegen die Schulpflicht werden geduldet.[7]

Die Auflösung eines Systems schien in diesem Ausmaß bis vor zwei Jahren noch undenkbar; Eltern mussten während der Lockdowns in weit größerem Maße als zuvor Verantwortung für die Bildung ihrer Kinder übernehmen und viele von ihnen wollen das inzwischen auch weiterhin.

Um damit nicht alleine zu stehen, bilden sich immer mehr Unterstützungsgemeinschaften, kleine Lerngruppen, außerschulische Angebote und Aktionen. Abseits des bisherigen Schulsystems entstehen neue Lernumgebungen und Lernorte, an denen die Bedürfnisse der Kinder besser berücksichtigt werden können, als es momentan in den Schulen möglich ist.

Kinder kommen aus der Geistigen Welt

Für unsere Zukunft als Menschheit wird es weiterhin entscheidend sein, wie wir mit unseren Kindern umgehen. Gehen wir einmal von dem Gedanken aus, dass ein Mensch aus der geistigen Welt auf die Erde kommt, weil er in der geistigen Welt nicht mehr die Umgebung findet, die er benötigt, um sich weiterzuentwickeln. Er kommt mit bestimmten Voraussetzungen in der physischen Welt an, mit Voraussetzungen, die er aus vorangegangenen Inkarnationen mitbringt und mit Voraussetzungen, die er aus dem Vererbungsstrom von Mutter und Vater erhält. Unter diesen Voraussetzungen will er seinen Lebensweg durchlaufen, um sich hier weiterzuentwickeln und mit den Früchten dieses Lebensweges wieder in die geistige Heimat zurückzukehren. Jeder Mensch hat im Vorgeburtlichen unter der Mitwirkung höherer Hierarchien einen Lebensplan ausgearbeitet, hat eine Mission, hat sich Aufgaben vorgenommen, die er auf der Erde verwirklichen will. Dass der Mensch im Laufe seines Lebens Anschluss an diese Impulse finden kann, hängt maßgeblich davon ab, in welcher Umgebung und mit welchen Menschen er aufwächst. Wird die Verbindung zur geistigen Welt durch eine materialistisch gestimmte Umgebung und Erziehung bereits in der Kindheit gekappt, dann wird es für den Menschen sehr schwer, diese in seinem späteren Leben wieder zu finden. Dies hat fundamentale Auswirkungen auf das gesamtgesellschaftliche soziale Leben.

Die Ideale „Freiheit, Gleichheit, Brüderlichkeit"

Als zentral für das Zusammenleben als Menschheitsfamilie können die Ideale der französischen Revolution „Freiheit, Gleichheit, Brüderlichkeit" betrachtet werden. Diese Ideale sind keine abstrakten Erfindungen, sondern im Menschen selbst veranlagt. Sie treten im späteren Leben, wenn ihre Keime in der Kindheit erkannt, berücksichtigt und entsprechend gefördert wurden, metamorphosiert, d.h. verwandelt, in Erscheinung. Damit sie nicht - wie im Laufe der französischen Revolution - im Leben scheitern, ist es für den erwachsenen Menschen wichtig zu erkennen, in welchem Bereich des Lebens welches Ideal seine Berechtigung hat und gelebt werden kann. So findet das Ideal der Freiheit im Geistesleben (Kultur, Bildung, Wissenschaft, Religion), das Ideal der Gleichheit im Rechts- oder Staatsleben und das Ideal der Brüderlichkeit im Wirtschaftsleben seinen jeweiligen Raum.

Es wird für die Zukunft der Menschheit viel davon abhängen, ob die jetzige Generation von Kindern so aufwächst, dass sie im Erwachsenenalter noch in der Lage ist an ihre ursprünglichen Impulse und Ideale anzuknüpfen.

Wie und was können erwachsene Menschen, die gegenüber Kindern eine verantwortliche Aufgabe übernommen haben, dazu beitragen, dass wir als Menschheit mehr und mehr fähig werden diesen drei Idealen im Sinne der Dreigliederung des Sozialen Organismus nachstreben zu können?

„Wenn diejenigen, die schwärmen für die Ideen der Waldorfschule, nicht einmal so viel Verständnis entwickeln, dass ja dazu gehört, Propaganda zu machen gegen die Abhängigkeit der Schule vom Staat, mit allen Kräften dafür einzutreten, dass der Staat diese Schule loslöst, wenn Sie nicht auch den Mut dazu bekommen, die Loslösung der Schule vom Staat anzustreben, dann ist die ganze Waldorfschul-Bewegung für die Katz, denn sie hat nur einen Sinn, wenn sie hineinwächst in ein freies Geistesleben." Rudolf Steiner[8]

Wie bereits angedeutet, ist die Soziale Dreigliederung im Menschen selbst veranlagt, was wiederum bedeutet, dass sie von jedem Menschen an dem Ort, an dem er steht, verwirklicht werden kann. Sie ist weder ein System noch eine Theorie, die den Menschen übergestülpt werden soll, sondern sie wird gesellschaftlich nur dadurch verwirklicht werden können, dass möglichst viele Menschen bestrebt sind, sie bewusst zu leben.

Die Idee der sozialen Dreigliederung hat somit zwei Seiten, die eine ist die innere Seite des Menschseins, die andere ist die Gestaltung des äußeren sozialen Zusammenlebens. Zunächst soll nun auf die „innere Seite" dieser Idee geschaut werden:

Die Innere Seite der Sozialen Dreigliederung

Wenn ein erwachsener Mensch einen konstruktiven Beitrag für die Gemeinschaft leisten möchte, bedarf es dreier Bedingungen:

Erstens ist es notwendig, dass er seine Begabungen, Interessen und Fähigkeiten (weiter-)entwickeln durfte, was wiederum mit den unterschiedlichen, individuellen Schicksalsbedingungen zusammenhängt. Der Beitrag, den der Einzelne für die Gemeinschaft leisten kann, steht somit in engem Zusammenhang mit seiner Individualität.

Das zweite ist, dass der Mensch in der Lage sein müsste mit anderen Menschen in Frieden auskommen zu können. Auf dieser Ebene tritt der Einzelne in wechselseitige Beziehungen zu anderen Menschen, dort begegnen sich Individualitäten, unabhängig von Alter, Beruf, Begabungen, gesellschaftlicher Stellung etc.

Und zum dritten ist es notwendig, dass jeder Mensch schließlich den Platz findet, an dem er mit seinem Beitrag dem Wohle der Gemeinschaft dienen kann. In diesem Zusammenhang werden die anderen Menschen, die Gemeinschaft, die Menschheitsfamilie, aber auch die Mitwelt in den Blick genommen mit der Frage: Was brauchst Du? Was braucht Ihr? Und wie kann ich mit dem, was ich leisten kann, dazu beitragen?

Wir können erkennen, dass wir einerseits höchst individuelle Wesen sind, andererseits Wesen, die in ständigem Austausch mit anderen menschlichen Wesen sowie unserer Mitwelt stehen und zum dritten mit unserer Arbeit der Menschheitsfamilie und der Erde dienen können.

Individuum und Gemeinschaft

Alle drei Gebiete gemeinsam machen unser eigentliches Menschsein, aber auch den sozialen Organismus aus. Ein Mensch kann sich umso eher im erläuterten Sinne in und für die Gemeinschaft einbringen, umso mehr sich diese Gemeinschaft Verhältnisse geschaffen hat, in denen dies ermöglicht wird – ein gegenseitiges Wechselspiel. Diese „Verhältnisse" hängen eng zusammen mit dem Ideal der Freiheit im Geistesleben, dem der Gleichheit im Rechtsleben und dem der Brüderlichkeit im Wirtschaftsleben.

Ein freies Bildungswesen

Förderlich ist z.B. ein freies Bildungswesen, in dem es vor allem darum geht, dass junge Menschen - unter Berücksichtigung der sich entwickelnden Kräfte - ihre Potenziale entdecken, Interessen entwickeln und Fähigkeiten ausbilden können. Gerade diese sind ja Voraussetzung für ihren zukünftigen ganz individuellen Beitrag zur Gemeinschaft. Genormte Lehrpläne, Lernziele, Kompetenzen, (Abschluss-)prüfungen, sowie alle Anweisungen, die in die individuelle pädagogische Freiheit der Erziehenden eingreifen, wirken in diesem Zusammenhang kontraproduktiv.

Hehre Ideale am falschen Platz

Wenn im Bildungsbereich allerdings der Grundsatz der Gleichheit - und nicht der der Freiheit, d.h. der Individualität - gilt, dann muss dies den sozialen Organismus, aber auch die sich dort betätigenden Menschen, auf Dauer krank machen. Dann müssen sich alle Beteiligten einer allgemein gültigen Norm unterwerfen: Kinder, Pädagogen und Eltern. Für eine individuelle Entwicklung der Kinder, für ein selbstbestimmtes und -verantwortetes pädagogisches Handeln der

LehrerInnen sowie für die Anliegen der Eltern bleibt dabei immer weniger Raum.

Ähnliche Beispiele lassen sich für das Rechtsleben finden. Wenn es dort, wo die Gleichheit aller Menschen ihre Berechtigung hat, möglich ist, sich durch Geld Vorteile zu verschaffen, d.h. sich Rechte zu „kaufen" bedeutet dies: Wer viel Geld hat, hat Macht über andere. Dasselbe gilt, wenn individuelle Entscheidungen durch die Entziehung von Grundrechten „bestraft" werden und damit letztlich unser Körper verstaatlicht wird: Menschen, die gegen COVID-19 geimpft sind, haben mehr Rechte als impfstofffreie Menschen. In beiden Fällen wird es den Menschen schwer gemacht, friedlich miteinander auszukommen.

Für das Wirtschaftsleben gilt schließlich: Wenn nicht die Sorge für das Wohl der anderen, sondern etwa der Egoismus einzelner Interessengruppen durch entsprechende Freiheiten und gesetzliche Vorgaben im Wirtschaftsleben gefördert wird, dann wird es letztlich allen schlechter gehen.

Wie frei sind Waldorfschulen wirklich?

„Niemand ist hoffnungsloser versklavt als jene, die fälschlicherweise glauben, frei zu sein." Goethe

Die Waldorfschulen, die sich vieler Orts auch „Freie" Waldorfschule nennen, befinden sich in einer Situation, in der sie erkennen könnten, dass ihnen ihre Freiheit bis in den Klassenraum hinein genommen ist. Die LehrerInnen dürfen nicht mehr entscheiden, wie sie die Kinder begrüßen. Sie dürfen nicht mehr entscheiden, ob sie den Kindern überhaupt von Angesicht zu Angesicht – in doppelter Bedeutung gemeint – begegnen dürfen. Sie dürfen nicht mehr entscheiden, wie sehr sie sich auch physisch den Kindern nähern. Sie dürfen nicht mehr entscheiden, was sie mit den Kindern tun. Sei es Singen, Sprachgestaltung, Musizieren, Monatsfeiern, Klassenspiele, Klassenfahrten, Jahresfeste, Ausflüge. Die staatlichen Verordnungen regieren nun auch im Klassenzimmer und regeln das soziale Miteinander nicht nur dort, sondern auch im Schulgebäude und auf dem Pausenhof. Sie regeln, wer das Schulgelände wann und überhaupt betreten darf. Sie regeln, wer sich mit wem und wann im Schulgebäude treffen darf. Die Gesetze und Verordnungen zwingen LehrerInnen und SchülerInnen – allein durch die Dinge, die getan werden müssen und die nicht getan werden dürfen – zudem ein bestimmtes Menschenbild auf. Denn das darf man sich klar machen, allen Maßnahmen liegt ein durch und durch materialistisches Menschenbild zugrunde, ein Menschenbild, das den Menschen letztlich auf seinen physischen Körper reduziert.

Daneben bzw. darüber hinausgehend steht die Idee vom Menschen, wie sie von Rudolf Steiner im ersten Lehrerkurs charakterisiert wird: *„Aber Sie werden alles auf den Menschen beziehen müssen. Zuletzt wird alles in der Auffassung des Kindes zusammenströmen müssen in der Idee vom Menschen. Diese Idee vom Menschen darf bleiben… Es ist sogar das Schönste, was man dem Kinde von der Schule ins spätere Leben mitgeben kann, die Idee, die möglichst vielseitige, möglichst viel enthaltende Idee vom Menschen.“*[9] (Hervorhebung. d. Verf.)

Versäumnisse

Wie konnte es denn so weit kommen, dass der Staat mit seinen Gesetzen und Verordnungen so tief in die Pädagogik eingreift? Rudolf Steiner hat in dem Vortragzyklus „Die Erziehungsfrage als soziale Frage", kurz vor Beginn des 1. Stuttgarter Lehrerkurses, in Dornach, die Erziehungsfrage als eine der allerwichtigsten sozialen Fragen für die Zukunft der Menschheit bezeichnet.[10] Er hat im Verlaufe dieser Vorträge wiederholt betont, dass es ohne die Wissenschaft vom Geiste, also die Anthroposophie, keine heilsame Zukunftsgestaltung für und durch die Menschheit geben wird. Mit eindringlichen Worten machte er 1920 seine Zuhörer aber auch auf die notwendigen äußeren Bedingungen für eine heilsame Zukunft aufmerksam: *„(...) wenn Sie nicht auch den Mut dazu bekommen, die Loslösung der Schule vom Staat anzustreben, dann ist die ganze Waldorfschul-Bewegung für die Katz, denn sie hat nur einen Sinn, wenn sie hineinwächst in ein freies Geistesleben.* "[11]

Warum wäre es denn so wichtig gewesen, die Schule im Laufe der letzten 100 Jahre vom Staatwesen loszulösen? Der Neurobiologe und Hirnforscher Gerald Hüther sowie der Kindheitsforscher Michael Hüter haben – neben anderen - immer wieder darauf hingewiesen, dass und wie Schule als Institution systemimmanent den Intentionen des Staates dient, in den vergangenen 100 Jahren genauso wie heute. Aus ihr sollen Menschenkinder hervorgehen, die in der bestehenden Gesellschaft funktionieren. Früher brauchte es Soldaten und Arbeiter an Maschinen, heute braucht es unkritische Konsumenten, die möglichst wenige Fragen stellen.

Bequemlichkeit und ein schlafendes Bewusstsein

Den nun folgenden Gedanken sei vorausgeschickt, dass ich sie nicht formuliere, um all denen, die an den Schulen tätig sind, daraus einen Vorwurf zu machen! Im Gegenteil, ich beziehe mich vor allem auch selbst darin ein. Aber die Frage sei erlaubt: Warum wurde in den letzten Jahren und Jahrzehnten auch und vor allem von WaldorflehrerInnen so wenig dafür getan, das Schulwesen (das im Übrigen nicht nur aus Waldorfschulen besteht!) aus dem Diktat des Staatswesens zu befreien - trotz vieler eindringlicher Mahnungen durch Rudolf Steiner?

Haben wir nicht immer geglaubt, frei zu sein? Wir konnten doch unseren Lehrplan frei gestalten. Wir konnten uns selbst verwalten. Ja, klar, da gab es Kompromisse, die wir machen mussten: Da gab es staatliche Unterrichtsgenehmigungen für Lehrer. Da gab es die zentralen Prüfungen, nun gut. Aber waren wir uns nicht sicher, dass man auch in Vorbereitung auf die Prüfungen Waldorfpädagogik praktizieren kann? Dass man den Unterricht doch frei, auf anthroposophischer Grundlage gestalten kann, wenn man es denn kann und will? Haben wir nicht an vielen Schulen noch – an vielen aber auch nicht mehr – eine interne Gehaltsordnung? Waren wir als KlassenlehrerInnen nicht zumindest im Klassenraum wirklich frei? Steht nicht in unserem Grundgesetz, dass freie Schulen gegründet werden dürfen und wurden nicht immer wieder solche, auch Waldorfschulen, gegründet?

Aber auch: War/ist es nicht ein gutes Gefühl sein sicheres Gehalt vom Staat zu erhalten? Auch das Gehalt der WaldorflehrerInnen wird vom Staat finanziert. – Es sei die Frage erlaubt, ob es von daher nicht schon immer eine Illusion war, dass Waldorfschulen frei sind, wenn das Geld von einem Rechtssystem/Staat kommt, dessen Gedankenart jetzt bis in die letzte Ecke des Klassenzimmers regiert. (*„Niemand ist hoffnungsloser versklavt als jene, die fälschlicherweise glauben, frei zu sein."*). Nicht nur Beamte oder angestellte Lehrer, auch Arbeitslose, Kurzarbeiter, Wohngeld- oder Hartz-IV-Empfänger erhalten Geld von „Vater Staat". Bezüglich der Lehrergehälter lässt sich daran auch so schnell gar nichts ändern, weil die Ersatzschulverordnungen entsprechend formuliert sind. Es sollte lediglich darauf hingewiesen werden, dass das Erwachen für die Realität ein durchaus schmerzhafter Prozess sein kann, den es auszuhalten gilt und bei dem eigene Versäumnisse einerseits sowie das erschreckende Ergebnis andererseits zunächst einmal nur wie zur Kenntnis genommen werden können.

Unsanftes Erwachen

Dieser Prozess sei durch folgendes Bild noch verdeutlicht: Mancher, der nachts im Schlaf ausgeraubt wurde, musste am nächsten Morgen mit Erschrecken feststellen, was geschehen ist, während er schlief. Nun vermisst er das ein oder andere sehr schmerzlich, weil es vielleicht ein kostbares Erinnerungsstück war oder so dringend benötigt wird. So ist in den letzten Jahrzehnten um uns herum viel geschehen, was wir nun plötzlich mit Schmerz und Erschrecken zur Kenntnis nehmen müssen. Jeden, der diese Erfahrung des schmerzvollen Erwachens und der eigenen Ohnmacht durchlebt hat, kann dieses Erlebnis jedoch dazu wachrufen, jetzt seine geistig-seelischen Kräfte zu bündeln, um an dem Ort, an dem er steht, für das zu wirken, was wahres Menschsein, wahre Menschlichkeit ausmacht, damit dies nicht in Vergessenheit gerät. Jeder kann es sich an dem Platz, den er als den seinigen erkannt hat, zur Aufgabe machen diese Flamme durchzutragen, auch durch finstere Zeiten.

III Das kleine Kind und das Ideal der Freiheit

„Wenn die Menschen im sozialen Organismus erwachsen sein sollen, so werden sie freie Menschen sein müssen. - Frei wird man nur, wenn man zuerst als Kind möglichst intensiver Nachahmer war."

Rudolf Steiner[12]

Im Weiteren wird der Frage nachgegangen, wie sich die Ideale „Freiheit, Gleichheit, Brüderlichkeit" während der kindlichen Entwicklung als dem Menschenwesen eingeborene Kräfte zeigen und wie diese Kräfte durch die begleitenden Erwachsenen gefördert werden können. Zunächst soll es um die Veranlagung des Ideals der Freiheit in der frühen Kindheit gehen.

Freiheit und Gleichheit

Am 29. April 2021 erschien in der Zeitschrift „Das Goetheanum" unter dem Titel *„Impfpass: Ein Weg in die Freiheit oder in die* *geschlossene Gesellschaft?*"[13] ein Beitrag von Michael Elsfeld, Professor für Philosophie an der Universität Lausanne, Mitglied der Leopoldina und der Deutschen Akademie der Wissenschaften. Anhand der sich unter dem Online-Beitrag befindlichen Kommentare wird sehr deutlich, dass sich deren Verfasser einerseits unterschiedliche Begriffe bzw. Vorstellungen zum Thema „Freiheit" gebildet haben und es andererseits bezüglich der „Fakten" zum Thema „Corona" möglich erscheint, das eine wie das andere zu beweisen. Daran entzünden sich Diskussionen wie sie jeder tagtäglich erleben kann und in denen keine wirkliche Verständigung möglich wird. Für die einen ist die Krankheit so bedrohlich, dass sie die damit verbundenen staatlichen Maßnahmen als berechtigt, sinnvoll und notwendig erachten, sie erleben diese für sich persönlich sowie für alle anderen Menschen keineswegs als „freiheitsberaubend". Für die anderen wird der Eingriff in die persönliche und allgemeine Freiheit als so massiv erfahren, dass sie in den jetzigen Verhältnissen einen Vorboten für einen möglichen totalitären Staat sehen.

Wir haben es hier u.a. mit zwei sich widerstrebenden Idealen, nämlich dem der Freiheit (jeder entscheidet individuell und eigenverantwortlich, was er zur Erhaltung seiner eigenen Gesundheit und der der anderen beiträgt) und dem der Gleichheit (durch staatliche Verordnungen und Gesetze wird geregelt, dass und wie alle sich einschränken und medizinisch behandeln lassen müssen, um Leben zu retten) zu tun haben. Die einen wollen dem Ideal der „Freiheit" folgen, die anderem dem der „Gleichheit" (aktuell auch „Solidarität" genannt oder das neue „Wir"). Dieser Widerspruch scheint nicht auflösbar zu sein.

Heilung für unser Zusammenleben

In seinen im August 1919 gehaltenen Vorträgen „Die Erziehungsfrage als soziale Frage" macht Rudolf Steiner darauf aufmerksam, dass das Kind alle Fähigkeiten zur Verwirklichung eines gesunden gesellschaftlichen Organismus mitbringt. Wenn die entsprechenden Keime im Kindesalter erkannt und berücksichtigt werden, sind wir als Erwachsene in der Lage, diesen Idealen nachzustreben und sie an ihrem jeweils *berechtigten* „Ort" verwirklichen zu wollen. Auf diese Weise könnte der soziale Organismus, d.h. unser Zusammenleben als Menschheitsfamilie zukünftig geheilt werden.[14]

Dass der Grundstein für unser ganzes weiteres Leben in unserer Kindheit und Jugend gesetzt wird, wird heute wohl niemand mehr ernsthaft bestreiten. Rudolf Steiner macht in den erwähnten Vorträgen darauf aufmerksam, dass bis zum Alter von ungefähr sieben Jahren die Grundlage dafür gelegt wird, dass wir als Erwachsene in der Lage sind, das Ideal der „Freiheit" verwirklichen zu können. Wie ist das zu verstehen?

Von der Bedeutung des Erdenlebens

In einer spirituellen Pädagogik gehen wir davon aus, dass die Kinder aus der geistigen Welt auf diese Erde kommen. Der Grund dafür, dass sie sich hier mit einem irdischen, materiellen Kleid umgeben, sehen wir darin, dass sie auf der Erde etwas lernen können, sich in einer Art und Weise entwickeln können, die in der geistigen Welt nicht gegeben ist. Auf der Erde findet sich ein Lernfeld, eine lebenslängliche Schule, die es so in der geistigen Welt nicht gibt. Nachdem die Seele die „Schule" auf der Erde absolviert hat, kehrt sie, bereichert und verändert, mit den Schätzen – den geistigen Schätzen -, die sie sich hier erworben hat, wieder in die geistige Welt zurück. Jedes Kind kommt auf die Erde und bringt dabei bestimmte Aufgaben, Vorsätze und Vorhaben, mit. Diese betreffen einerseits sein Karma, d.h. den Ausgleich für Taten in vergangenen Erdenleben, andererseits Aufgaben, die es hier mit seinen Fähigkeiten und Begabungen als seine Mission zu erfüllen sucht. Das eine hängt mit dem anderen innig zusammen, denn das Karma wird so ausgeglichen, dass es dem Wohle aller Menschen dienlich ist. Rudolf Steiner hat dies mehrfach in seinen Karmavorträgen anhand einzelner

Biografien, so z.B. auch der des großen Pädagogen Pestalozzi[15], über mehrere Inkarnationen hinweg dargelegt.[16] (s. dazu den Beitrag „Freiheit und Verantwortung – Der Pädagoge Heinrich Pestalozzi")

Vorgeburtliches Leben und Nachahmungsfähigkeit

Bevor das Kind auf die Erde kommt, hat es also in der geistigen Welt gelebt und gemeinsam mit den Hierarchien, hohen und höchsten Engelwesen sein neues Karma, sein bevorstehendes Erdenleben ausgearbeitet. Wenn wir die ganz kleinen Kinder beobachten, auch innerlich wahrnehmen, dann können wir noch eine Ahnung davon erhalten, wie das Leben vor Empfängnis und Geburt für diese Seelen ausgesehen haben muss. Rudolf Steiner beschreibt es so, dass wir als Geistseele IN den uns umgebenden Wesenheiten leben. Wir sind eins mit den geistigen Wesenheiten um uns herum. Dieses Eins-Sein lebt das Kind weiter, wenn es dann geboren ist. Es ist voller Vertrauen und Hingabe an seine Umgebung, da gibt es keinerlei Argwohn oder Misstrauen. Diese Fähigkeit, in den Wesen seiner Umgebung zu leben, ermöglicht ihm in den ersten Lebensjahren so viel zu lernen, wie nie wieder in seinem Leben. Es lernt gehen, weil Menschen gehen, es lernt sprechen, weil Menschen sprechen. Es lernt denken, weil Menschen denken und ihre Gedanken äußern. So sehr ist das Kind noch in einer ähnlichen Verfassung wie vor der Geburt, so intensiv die Hingabe und das Vertrauen in die Umgebung, dass es alles nachahmt, was es wahrnimmt – und zwar so intensiv, dass diese Erlebnisse und Erfahrungen bis in die Ausgestaltung seines physischen Leibes hinein wirken.

Ausbildung der Nachahmungskraft

In dem bereits erwähnten Vortrag betont Rudolf Steiner, dass der Nachahmungsfähigkeit des Kindes eine Kraft zugrunde liegt. Er weist darauf hin, dass in Zukunft zunehmend bewusster darauf geachtet werden müsse, dass sich diese naturgegebene Kraft gut entwickeln kann. Was bedeutet das, was können wir tun, damit sich diese Kraft optimal entwickeln kann? Wie aufgezeigt, hängt alles, was das Kind lernt, in hohem Maße von seiner Umgebung ab. Es hängt zunächst einmal von den Gedanken, Gefühlen und Handlungen der ihn umgebenden Menschen, aber auch von der Gestaltung der rein physischen Umgebung ab. Und je mehr die Umgebung sich so gestaltet, wie es das Kind vor der Geburt erlebt hat, um so stärker wird es sich damit verbinden können und damit auch seine Nachahmungskraft entwickeln. Je mehr es in seinem Vertrauen, in seiner Hingabe bestärkt wird, je stärker die gesamte Umgebung von Geist durchzogen ist, umso eher kann es seine unendlichen Sympathiekräfte entfalten. Jede Kränkung, Zurückweisung, Unwahrhaftigkeit wirkt schwächend auf das Kind, auch das sind Erkenntnisse, die heute niemand mehr ernsthaft anzweifelt. So wird ein Kind, das eigentlich zunächst ganz in seiner Umgebung leben möchte, im Extremfall durch Traumatisierungen auf sich selbst zurückgeworfen und bleibt dadurch in seiner Entwicklung zurück.

Nachahmungskraft und Freiheit

Wie aber hängen nun die ersten Lebensjahre mit dem Ideal der „Freiheit" des erwachsenen Menschen zusammen? Das kleine Kind macht, wenn es gesund ist, doch zunächst alles mit, was in seiner Umgebung vor sich geht. Von Freiheit kann diesbezüglich gar nicht die Rede sein, im Gegenteil. Es ist ja total abhängig von seiner Umgebung und das soll auch noch in gesunder Weise gefördert werden?!

Im ersten Jahrsiebt ist das Kind in erster Linie ein tätiges, wollendes Wesen, es ist durch und durch ein „Bewegungsmensch" und entwickelt sich als ein solcher. Damit es dies kann, müssen ihm – neben Anregungen durch die ihn umgebenden Menschen – Bewegungs-Freiräume geboten werden, in denen es z.B. das Gehen erlernen und anschließend seine motorischen Fähigkeiten weiter ausbilden kann. Der Säugling ist zunächst noch völlig von unterschiedlich Reflexen (Saugreflex, Greifreflex etc.) bestimmt und erobert sich erst im Laufe der Zeit durch Nachahmung seine Bewegungsfreiheit. Die zwingenden „Reflex-Bewegungen" werden überwunden und dadurch innerlich ein Gefühl von Freiheit erfahren, das sich noch ganz an das leibliche Erleben anknüpft. Jeder, der einmal das Glück hatte mitzuerleben, wie ein Kind in Auseinandersetzung mit der Schwerkraft seine ersten freien Schritte tut, wird dieses Erlebnis an dem so erfüllten, freudigen Gesichtsausdruck des Kindes mitgefühlt haben.[17]

Die Metamorphose, d.h. Verwandlung der Nachahmungsfähigkeit in die Fähigkeit zur Freiheit zeigt sich auch noch auf andere Weise. Selbstverständlich emanzipiert sich das nachahmende Kind im Laufe der Entwicklung zunehmend von seiner Umgebung. Wenn wir ein vier- oder fünfjähriges Kind beim phantasievollen Spiel beobachten, können wir erkennen, dass es sich mit inneren Bildern und Vorstellungen beschäftigt, die auf seinen bisherigen Erfahrungen beruhen, die es aber völlig frei handhabt und schöpferisch gestaltet. Das Kind ist versunken in sein Spiel, es befindet sich in einem Zustand, den wir Erwachsenen als „Flow" bezeichnen, einem Zustand der Leichtigkeit und Freiheit, des innerlichen Erfüllt Seins und einer tiefen Freude. Wie unangenehm für ein Kind, wenn es aus diesem Prozess plötzlich herausgerufen wird, weil man aufbrechen muss, weil es Essen gibt oder ähnliches. Wer später eine Arbeit findet, in der er sich so erleben darf, so freudvoll und innerlich zufrieden wie das kleine Kind im Spiel, der fühlt sich frei in seiner Tätigkeit, der arbeitet gerne für andere Menschen, der erlebt individuelle Freiheit während er sich in das äußere soziale Leben eingliedert. Wenn dieses Eingliedern mit den inneren vorgeburtlichen Impulsen zusammenhängt, aber auch den eigenen Fähigkeiten, Interessen und Begabungen entspricht, dann erfahren wir uns wieder ähnlich schöpferisch wie das Kind im Spiel. Rudolf Steiner benutzt im Zusammenhang mit dieser Metamorphose der Nachahmungskräfte auch den Begriff der „Sozialen Freiheit"[18] des Erwachsenen.

Geisteslebens und das Ideal der „Freiheit"

Erst in einem wirklich Freien Geistesleben entsteht aber der Raum, wo der einzelne Mensch seine individuellen Begabungen und Fähigkeiten, heute auch Potenziale genannt, entdecken und entwickeln sowie Initiative ergreifen kann. Um diesen Raum als Erwachsener überhaupt zu suchen, um überhaupt die Sehnsucht, das Streben nach dieser Art „Freiem Spielraum" entwickeln zu können, ist das Erlebnis des freien Spiels, das noch ganz aus der Nachahmung der Mitwelt erfolgt, die beste Grundlage. Daher ist es so wichtig, dass einerseits die Umgebung so gestaltet ist, dass das Kind sie vertrauensvoll nachahmen kann und andererseits – bis in das Schulalter hinein - genügend Zeit zum Freien Spiel bleibt. Viel Rhythmus, aber wenig Programm!

Freiheit, Verantwortung und innere Sicherheit

Als erwachsene Menschen haben wir die Möglichkeit unserem Leben selbst die Richtung zu geben und Verantwortung übernehmen zu *können - wenn* wir es wollen! Zu diesem „Willen" äußerte sich Rudolf Steiner einmal wie folgt:

„Ich sagte: Es schaut so aus, als wenn die Menschen gar nicht nach Ausgestaltung der Individualität strebten, sondern nach einem solchen staatlichen, gesellschaftlichen, sozialen Organisieren, das überhaupt dem Menschen nichts mehr anderes möglich macht, als dass er sich auf allen Wegen und Stegen des Lebens so bewegt, dass links von ihm der Arzt und rechts der Polizeimann steht - der Arzt, damit er fortwährend für die Gesundheit sorgt, ohne dass der Mensch im geringsten es nötig hat, sich seinem eigenen Urteil über seine Gesundheit hinzugeben, der Polizeimann, damit er sorgt dafür, dass der Mensch die Richtung des Lebens finde, ohne dass der Mensch selber sich diese Richtung des Lebens gibt."[19]

Diese Worte haben bis heute an Aktualität nicht verloren... Streben nach Freiheit und die Bereitschaft, Verantwortung für das eigene Leben zu übernehmen, gehören zusammen, beides kann jedoch große Angst machen. Wenn ich selbst die Verantwortung für meine Taten - z.b. auch im Zusammenhang mit Gesundheitsfragen - übernehme, kann ich das nur, wenn ich aus individuell errungener Freiheit handle. Das bedeutet aber, dass ich am Ende niemanden sonst für die Konsequenzen meiner Entscheidungen verantwortlich machen kann, ich kann niemandem sonst „die Schuld" geben. Dadurch auf die Spitze der eigenen Persönlichkeit gestellt zu sein, kann einen Abgrund unter den Füßen eröffnen. Dann sehnt sich der Mensch nach Sicherheit. Dann sehnt er sich nach „Autoritäten", die ihm sagen, wie er es richtig macht, wie er auf die vermeintlich sichere Seite gelangt. Die Furcht der Menschen vor der Freiheit eröffnet Spielräume für die Macht-Haber dieser Welt. Werden Fragen, die in erster Linie der individuellen Verantwortung und damit der Freiheit des Individuums angehören, von der demokratischen Mehrheit an den Staat delegiert, also durch das Rechtsleben geregelt, dann setzt sich an die Stelle des Prinzips der „Freiheit" das der „Gleichheit", was konsequent gedacht zu einer Impfpflicht für alle führen muss und damit sicherlich noch nicht zu Ende gedacht ist!

Wie aber kann der Mensch die Furcht vor Freiheit im erläuterten Sinne, die jeder von sich selbst kennen wird, überwinden? So wie das Kind eine sichere Umgebung benötigt, um nachahmend lernen und schöpferisch spielen zu können, benötigt der erwachsene Mensch zur Überwindung dieser Furcht auch Sicherheit. Diese Sicherheit findet er jedoch nicht mehr - wie das kleine Kind - in seiner Umgebung, er findet sie weder im anderen Menschen noch in staatlichen Gesetzen und Verordnungen, sondern nur in dem geistigen Grund, auf dem er steht. Um diesen geistigen Urgrund des Vertrauens in sich suchen und finden zu können, ist es so sehr heilsam und hilfreich für das spätere Leben, wenn in der frühen Kindheit die Erfahrung einer Sicherheit und Vertrauen vermittelnden menschlichen Umgebung gemacht werden durfte!

„Freies Geistesleben" kann vor diesem Hintergrund auch so verstanden werden, dass der Erwachsene in diesem Raum bewusst seine Beziehung zum Geist, zur geistigen Welt suchen und pflegen kann, wie etwa in der Kunst, der Religion, einer freien und lebendigen Wissenschaft oder der Anthroposophie.

Viele Menschen erleben aktuell, dass die Art und Weise, wie wir als Menschheitsfamilie zusammenleben sowohl für uns als auch für unsere Mitwelt ungesund bzw. zerstörerisch ist. Viele fragen sich, was können wir tun, um diese Verhältnisse zu ändern, Versuche gibt es in viele Richtungen.

Ein Einzelner kann die soziale Frage nicht lösen

Bezüglich der Sozialen Dreigliederung macht Rudolf Steiner an verschiedenen Stellen darauf aufmerksam, dass es sich dabei nicht um eine in erster Linie politische Umgestaltung der momentanen Zustände handelt, sondern um eine Verwandlung der inneren Haltung jedes einzelnen Menschen selbst. *„Deshalb soll niemand daran denken, eine für alle Zeiten gültige Lösung der sozialen Frage zu suchen, sondern lediglich daran wie sich sein soziales Denken und Wirken mit Rücksicht auf die unmittelbaren Bedürfnisse der*

Gegenwart gestalten muss, in welcher er lebt. - Es kann überhaupt kein Einzelner heute irgendetwas Theoretisches ausdenken oder in die Wirklichkeit umsetzen, was als solches die soziale Frage lösen könnte. Dazu müsste er die Macht haben, eine Anzahl von Menschen in die von ihm geschaffenen Verhältnisse hineinzuzwingen."[20]

Es geht für den Einzelnen zunächst um die Erkenntnis bzw. Anerkenntnis gewisser Gesetzmäßigkeiten eines gesunden sozialen Organismus, wie sie von Rudolf Steiner beschrieben wurden: Etwa der, dass in das Geistesleben das Ideal der Freiheit gehört, in das Rechtsleben das der Gleichheit und in das Wirtschaftsleben das der Brüderlichkeit. Wenn dies erkannt wurde - und das ist vielen Menschen heute relativ schnell einsichtig -, kann jeder Mensch bemerken, wo er selbst gerade steht. So ist z.B. unser Wirtschaftsleben nicht auf wahrer Brüderlichkeit, sondern in erster Linie auf Egoismus und Eigennutz gegründet und jeder von uns ist daran beteiligt. Wer sich einmal ehrlich prüft, wird dies auch erkennen können. Der Einzelne kann sich jedoch jederzeit bemühen sein Denken und Handeln so zu verwandeln, dass er im beschriebenen Sinne heilsamer für die Menschheitsfamilie wirken kann.

Keime in der Kindheit

Entscheidende Grundlagen für die Möglichkeit, als erwachsener Mensch im sozialen Organismus heilsam wirken zu können, werden in der Kindheit gelegt. Die Erziehungsfrage ist eben auch daher eine so entscheidende! Durch die Anthroposophie und eine sich darauf gründende spirituelle Pädagogik haben wir die Möglichkeit in dem, was die Kinder aus der geistigen Welt mitbringen, den Keim dessen zu sehen, was für die Zukunft der Menschheit heilsam werden kann. Wenn wir dies zunehmend (an-)erkennen lernen, dann werden wir als Eltern, Erzieher, Lehrer, Pädagogen immer fähiger, die jungen Menschen so zu begleiten, dass die mitgebrachten Keime nicht verkümmern, sondern sich im späteren Leben kräftig entfalten können. Wir wollen uns nun dem Schulkind zuwenden.

Um den Zahnwechsel herum, etwa ab dem 7. Lebensjahr, verwandelt sich das Verhältnis des Kindes zu seiner Umgebung grundlegend. Lebte es in den ersten Lebensjahren noch in völliger Hingabe an seine Umgebung, insbesondere an die Menschen in seiner Umgebung und lernte von ihnen durch Nachahmung, entwickelt es im Verlaufe der mittleren Kindheit ein eigenständiges *Innen*leben, das Fühlen. Auch empfindet das Kind in diesem Alter, dass der andere Mensch, der Erwachsene ebenfalls ein Wesen mit einer eigenen Innenwelt ist. Aus der völligen Hingabe an die Mitwelt, mit der es wie „eins" war, wird es nun in gewisser Weise befreit und kommt damit einen Schritt weiter als Mensch auf dieser Erde an. Es steht aber weiterhin in inniger Verbindung mit der inneren Welt der Erwachsenen, davon hat es sich noch nicht emanzipiert; diesen Schritt geht es erst mit der Geschlechtsreife oder – wie Rudolf Steiner es treffend nennt – der Erdenreife mit ca. 14 Jahren. Das Kind wünscht und braucht bis dahin weiterhin Orientierung durch Menschen. Es kommt aus der geistigen Welt, in der es mit höher entwickelten geistigen Wesen zusammmen"gelebt" hat. Mit ihnen gemeinsam hat es seinen Lebensplan ausgearbeitet, von ihnen hat es Impulse und auch Führung erhalten. Rudolf Steiner formulierte im ersten Lehrerkurs 1919 gegenüber den zukünftigen Waldorflehrern wie folgt: *„Und wir wollen nicht nur sehen auf das, was das Menschendasein erfährt nach dem Tode, also auf die geistige Fortsetzung des Physischen; wir wollen uns bewusst werden, dass das physische Dasein hier eine Fortsetzung des geistigen ist, **dass wir durch Erziehung fortzusetzen haben dasjenige, was ohne unser Zutun besorgt worden ist von höheren Wesen.**"*[21] (Hervorhebung d. Verf.)

In diesem Sinne wünscht und braucht das Kind weiterhin Führung. Dabei ist seine große – unausgesprochene – Frage: Wo finde ich einen solchen Menschen, dem ich gerne aus innerstem Antrieb nachfolgen will? Das ist tatsächlich heute eine sehr konkrete und aktuelle Frage. Sie bedeutet nämlich für den Erwachsenen zweierlei. Erstens: Will ich so eine in diesem Sinne vom Kind geliebte Autorität überhaupt sein? Will ich dem Kind überhaupt Führung im beschriebenen Sinne geben? Und Zweitens: Wie kann ich das sein? Was habe ich schon, dass ich das sein kann, und was müsste ich selbst noch in mir erwecken?

Es wird oft gesagt, dass die Kinder heute anders sind. Dass sie viel deutlicher selbst bereits wissen, was sie wollen und was sie nicht wollen. Dass sie auf vermeintlichen Autoritäten sogar wie allergisch reagieren. Es soll gar nicht abgestritten werden, dass Kinder heute anders, in vielen Bereichen bereits wesentlich wacher hier auf der Erde ankommen als noch vor Jahrzehnten. Aber die Frage sei doch erlaubt, ob es nicht auch sein könnte, dass sie gerade aufgrund einer wesentlich stärkeren Sensibilität sofort bemerken, wenn sich in ihrer Umgebung wenige Menschen befinden, die ihnen Orientierung geben wollen und können. Das Suchen der Kinder läuft dann ins Leere und sie müssen sich irgendwie selbst helfen. Wenn sie in diesem Alter erleben: Der Erwachsene weiß ja selbst nicht, ist unsicher und fragt mich immer wieder, dann erleben sie keine Wesen um sich herum, an die sie sich anlehnen können. Dann sind sie auf sich selbst zurückgeworfen und fühlen sich alleine gelassen. Dann kann sich das Autoritätsfühlen, das in ihnen ganz natürlich veranlagt ist, in diesem Alter nicht wirklich entwickeln, es verkümmert.

Sind wir denn alle gleich?

Iris Johansson, eine schwedische Mentorin, Seminarleiterin, Buchautorin, Kommunikationsspezialistin und Autistin hat in ihrem 2018 erschienenen Buch „Gespräche mit Iris" sehr schön beschrieben, was heutige Kinder brauchen und wie Erwachsene sie unterstützen können:

„Diejenigen, die jetzt (...) geboren werden streben vor allem danach, Wurzeln zu bekommen, denn sie haben keine. Und deren

Eltern hatten keine, weil sie in die Schule gesteckt wurden, wo die Wurzeln ausgerissen wurden. Es geht darum, dass die Wurzeln nach unten wachsen und die Krone nach oben. (...) Dass heutzutage so viele Menschen sich das Leben nehmen oder es versuchen, sagt mir, dass die Menschen keine Wurzeln mehr haben, die in die Erde hineinreichen, und dass sie nicht spüren, dass sie einfach dadurch, dass sie da sind, wertvoll sind. Diesen Wert kann man nicht durch Leistung, Erfolg, Ansehen, Macht usw. beeinflussen. Die innere Geborgenheit ist wichtig für Menschen, die mit Kindern und Jugendlichen, die eine äußere Geborgenheit brauchen, arbeiten."[22]

Sie beschreibt mit diesen Worten einerseits, wohin es führt, wenn junge Menschen in ihrer Kindheit keine Orientierung und äußere Geborgenheit gefunden haben: Sie sind als Erwachsene unsicher und haltlos, haben keine Wurzeln in dieser Erde schlagen und daher auch keine Krone in den Himmel strecken können. Sie wollen nicht auf dieser Erde bleiben, um sich ihren Aufgaben zu widmen. Andererseits verdeutlicht sie, dass ein Erwachsener Geborgenheit dadurch erfahren kann, dass er sich als wertvolles, einfach durch sein SEIN wertvolles Schöpferwesen erfährt, dessen Wert nicht von Leistung, Erfolg, Ansehen oder „Perfektion" abhängt.

Als spirituelle Wesen betrachtet sind wir alle gleich „wertvoll", ganz unabhängig davon, wie wir uns mit unseren Fähigkeiten, Talenten oder auch Einseitigkeiten hier auf dieser Erde verwirklichen. Haben wir dies für uns und damit gleichzeitig auch für alle Mitmenschen erkannt, können wir Kindern die äußere Geborgenheit und Orientierung geben, die sie zunächst noch suchen. Sie können dann Gefühle wie Verehrung gegenüber einem erwachsenen Menschen entwickeln, weil ihnen ein irdisches Wesen begegnet, das das Schöpferwesen in sich und im anderen sieht, das vom geistigen Ursprung des Menschen weiß, an den sich das Kind noch mehr oder weniger bewusst erinnert. Es möchte sich an einem Menschen orientieren, der selbst im Bewusstsein seiner Anbindung an höhere Wesen und Welten lebt. Von einem solchen Menschen möchte es dann lernen, an und durch einen solchen Menschen möchte es sich entwickeln. Das gibt Kindern Halt, d.h. Wurzeln, auch für ihr späteres Erdenleben.

Dieses Erleben kann sich dahingehend verwandeln, dass sie sich als Erwachsene darum bemühen im anderen den MENSCHEN und damit ein ihm selbst gleiches/"gleichwertiges" spirituelles Wesen zu sehen, bei allen individuellen Unterschieden, die sich im Zusammenleben zeigen. Christina von Dreien, eine junge Frau, die sich als Botschafterin einer Neuen Zeit versteht, beschreibt es folgendermaßen: *„In unserem innersten Wesenskern sind wir alle gleich. Niemand ist weiter als der andere, kein Licht ist heller als das andere, und keine Lebensaufgabe ist wichtiger als eine andere. Wir sind alle göttliche Wesen, die hier eine Erfahrung als Mensch machen, und nicht Menschen, die zu göttlichen Wesen werden."*[23]

Vom Autoritätsfühlen zur Friedens- und Liebefähigkeit

An diesem Punkt dürfen wir einmal selbst prüfen, inwieweit es uns bereits gelingt im anderen Menschen tatsächlich einen „Gleichen" zu sehen. Wie sehr hängen wir doch immer wieder in unseren Urteilen, Vorurteilen, Abwertungen etc. fest. Bei dem einen überwiegt das abfällige Urteil gegenüber sich selbst, bei dem anderen gegenüber dem Mitmenschen. Entweder man neigt dazu den Anderen aufzuwerten und sich selbst damit abzuwerten oder man ist geneigt sich selbst im Vergleich mit dem Anderen aufzuwerten und dadurch den Anderen abzuwerten. *„Niemand ist weiter als der andere, kein Licht ist heller als das andere, und keine Lebensaufgabe ist wichtiger als eine andere. Wir sind alle göttliche Wesen, die hier eine Erfahrung als Mensch machen, und nicht Menschen, die zu göttlichen Wesen werden."*[24] Je mehr es uns gelingt, in diesem Bewusstsein, mit diesem Empfinden zu leben, umso mehr werden wir zum Frieden in der Welt beitragen können.

Im Laufe einer gesunden Entwicklung wird sich das Kind von der innigen Verbundenheit mit verehrungswürdigen Menschen in seiner Umgebung notwendigerweise lösen, mit allen Krisen, die das mit sich bringen kann. Das Autoritätsfühlen kann sich dann im dritten Jahrsiebt in ein freies, selbstbestimmtes Verhältnis zum anderen Menschen verwandeln, in etwas, das wir dann Liebefähigkeit nennen. Das Autoritätsfühlen selbst ist ein wesentlicher Entwicklungsschritt auf dem Weg hin zu dieser Fähigkeit.

V Jugendliche, Brüderlichkeit und das heutige Schulsystem

*„Es muß sich gewissermaßen in der Menschheit eine Spannung er-
geben, eine Spannung der Unbefriedigtheit, damit aus dem Entge-
gengesetzten heraus, aus dem rein materiellen Streben, das Streben nach Spiritualität, das Streben nach Geistigkeit komme."*

Rudolf Steiner[25]

Fördern PädagogInnen durch ein vertieftes Verständnis für die Entwicklung des Kindes im 1. Jahrsiebt (0- ca. 7 Jahre) dessen Nachahmungskraft, dann fördert dies gleichzeitig dessen Fähigkeit im späteren Leben dem Ideal der Freiheit des Menschen in berechtigter
Weise nachzustreben. Kommt man im zweiten Jahrsiebt (ca. 7-14
Jahre) dem gesunden Autoritätsfühlen des Kindes entgegen, dann
wird ihm ein Weg eröffnet im späteren Leben dem Ideal der Gleichheit der Menschen in berechtigter Weise nachstreben zu können.
Nun wollen wir uns dem jungen Menschen im Alter zwischen 14
und 21 Jahren zuwenden.

Mit Beginn der Pubertät erwachen in dem Jugendlichen neue Gefühle, Bedürfnisse, Triebe, aber auch Fähigkeiten. Es ist das Alter, in dem die Liebefähigkeit überhaupt erwacht, nicht nur die sexuelle Liebefähigkeit, sondern - wie es Rudolf Steiner nennt - die Kraft der allgemeinen Menschenliebe. Das Erwachen dieser Kraft ist allerdings auch Gefahren ausgesetzt. Eine Gefahr besteht darin, dass der junge Mensch nun beginnt sich nahezu ausschließlich mit sich selbst, mit seinen inneren und leiblichen Bedürfnissen, die naturgegeben aus seinem Körper aufsteigen, zu beschäftigen. Kommt dem Jugendlichen von der äußeren Umgebung wenig entgegen, das ihn mindestens genauso interessieren kann, dann kann sich diese (ausschließliche) Selbstbezogenheit verstärken und schließlich in das Erwachsenenleben hinein unreflektiert fortwirken.

Eine weitere Gefährdung soll anhand von Äußerungen junger Menschen erläutert werden: „Der Mensch ist das schlechtere Tier, denn das Tier hat wenigstens noch einen Selbsterhaltungstrieb." „Die Welt wäre besser, wenn es den Menschen nicht geben würde." Diese Aussagen, die mir mehrfach von jungen, interessierten Menschen entgegenkamen, stehen im Zusammenhang mit ihrem Bewusstsein um den Zustand unserer Erde: Der Mensch hat die Erde zerstört, auf der die jungen Menschen gerade erst angekommen sind. Die beste Lösung wäre also, dass der Mensch, sprich auch der Jugendliche, von der Erde verschwindet. Durch die aktuelle Krise ist den Jugendlichen weiterhin vermittelt worden: „Du selbst gefährdest andere Menschen. Isoliere Dich. Bedecke Dein Gesicht. Halte Abstand. Lass Dich impfen. Schütze andere Menschen." Gleichzeitig mit diesen Verhaltensregeln, die uns vom anderen Menschen trennen, appelliert man an die allgemeine Menschenliebe und verbindet es mit der Aufforderung: „Sei solidarisch." -

Sehnsucht nach einer anderen Welt

Eine kürzlich veröffentlichte Studie[26] der Donau-Universität hat nun erschreckende Ergebnisse zutage gefördert: 20% der Schülerinnen und 14% der Schüler im Alter von 14 bis 20 Jahren leiden unter suizidalen Gedanken, 62% der Mädchen und 38% der Jungen weisen eine mittelgradige depressive Stimmungslage auf. Diese Ergebnisse unterstreichen Beobachtungen, die auch Kinder- und Jungendtherapeuten bzw. Jugendpsychiatrien machen. Was bedeuten diese Ergebnisse denn, wenn man sich einmal in die innere Verfassung der Jugendlichen hineinversetzt? - Sie wollen nicht auf dieser Erde bleiben! Das, was sie hier erleben und erfahren, löst in ihnen Gefühle der Ohnmacht und Sinnlosigkeit aus. Die eigenen Erfahrungen in der geistigen Welt, aus der sie ursprünglich stammen, liegen noch nicht so lange zurück. Davon scheinen sie hier auf der Erde nichts wiederzufinden. Sie finden einen von ihren Vorfahren zerstörten Planeten vor und müssen nun auch noch „erkennen", dass sie selbst eine Gefahr für ihre Mitmenschen darstellen. Wenn diese Erlebnisse zusammenfallen mit der erwachenden Kraft der allgemeinen Menschen- und Weltenliebe, wird deutlich, wie gefährdet dieses junge Pflänzchen ist und wie sehr es sich gerade in dieser Zeit nach echter Nahrung sehnt! Es lässt aber auch verständlich werden, warum insbesondere Jugendliche alles tun wollen, um andere Menschen nicht zu gefährden und daher ganz besonders auf die Einhaltung der Regeln bestehen können. Gerade auf diese Weise möchte sich die erwachende Menschenliebe betätigen.

Sehnsucht nach dem Geist in der Welt

In den Beiträgen zum ersten und zweiten Jahrsiebt wurde bereits versucht zu verdeutlichen, dass die Kinder als geistig-seelische Wesen auf die Erde kommen und sich hier beheimaten möchten, um an der Weiterentwicklung von Menschheit und Erde mitzuarbeiten. In vielen Jugendlichen lebt ein tiefes, häufig auch unbewusstes Bedürfnis nach Spiritualität oder sie hatten selbst bereits spirituelle Erlebnisse (z.B. mit verstorbenen Angehörigen), die sie aber nicht

einzuordnen wissen. Kommt ihnen nun ein Menschen- und Natur-
verständnis entgegen, das die seelische und geistige Seite völlig
ausklammert oder gar verneint, dann kann sich der junge Mensch
nur abwenden oder davon ausgehen, dass mit ihm selbst etwas
verkehrt ist. Das steht der Entwicklung einer allgemeinen Men-
schen- und Weltenliebe allerdings deutlich entgegen. Wie aber
kann diese im jungen Menschen erwachende Kraft dennoch gefördert werden?

Liebe und Interesse

Liebe wird gefördert durch Interesse. Das, wofür ich mich interes-
siere, kann ich auch lieben lernen. Das, was ich liebe, interessiert
mich auch. Daher ist es für das 3. Jahrsiebt so entscheidend, dass
durch *alles*, was dem Jugendlichen durch die Außenwelt entgegen-
gebracht wird, auch sein Interesse geweckt wird. *„...wirkliches Interesse zu erregen für die Welt, für die Welt im weitesten Sinne"*[27],
so Rudolf Steiner 1922 in einem Vortrag für die Lehrer[28] der ersten
Freien Waldorfschule in Stuttgart. Aber wie kann das gelingen?
Freude macht es ihnen, wenn sie beginnen Zusammenhänge zu
verstehen, auch Zusammenhänge mit Dingen, die sie in der vorangegangenen Schulzeit zunächst bildhaft aufgenommen haben.
Aber auch Zusammenhänge zwischen dem Kleinsten und dem
Größten. Rudolf Steiner gibt dafür als Beispiel die Behandlung einer
Zelle, die wie ein kleiner Kosmos betrachtet werden könnte.[29]
Durch das Herausarbeiten von Zusammenhängen, von kleinen und
großen, findet in den Jugendlichen etwas Resonanz, was sie – mehr
oder weniger unbewusst – gefühlsmäßig als Fragen durch ihr Leben
tragen.

Kam es im 2. Jahrsiebt insbesondere auf das Wirken des Lehrers
durch seine authentische Persönlichkeit an, geht es nun um folgendes: *„Aber wenn nun auch der Schüler selber dasjenige, was er als
Frage innerlich erlebt nicht formulieren kann – der Lehrer muss imstande sein, diese Frage zu formulieren, sodass die Formulierung*

zustande kommt, und er muss imstande sein, das Gefühl zu befrie-
digen, das beim Anlass dieser Frage im Schüler auftaucht. "[30]

Es kommt nun alles darauf an, mit welchem Interesse, aber auch mit welcher Tiefe sich der Lehrer, - auch der Ausbilder bzw. andere Erwachsene in der Umgebung des Jugendlichen! - selbst mit den latenten Fragen der Schüler, aber auch mit den Unterrichtsinhalten, die er behandeln möchte, auseinandergesetzt hat. Leben in dem, was er sich da erarbeitet hat, auch künstlerisch oder praktisch erarbeitet hat, größere Zusammenhänge, Zusammenhänge mit auch geistigen Wirksamkeiten? Taucht der Mensch als ein dem Geiste entstammendes Wesen auf? Oder geht es letztlich um die Vermittlung eines rein materialistisch-mechanistischen Weltbildes, wie es etwa den der Öffentlichkeit vermittelten Lösungsstrategien für die Klima-, Umwelt- oder Gesundheitsfragen innewohnt? Die Folgen, die letzteres haben wird, hat Rudolf Steiner 1922 so beschrieben:

„Wenn der fünfzehn-, sechszehnjährige Mensch (...) dasjenige, was man durch die heutige Astronomie und Astrophysik lernen kann, wenn er also bloß diese Vorstellung vom Kosmos in seinen Schädel hineinbekommt, dann wird er eben in sozialer Beziehung ein solches Wesen, wie es die heutigen Zivilisationsmenschen sind, die eigentlich aus dem Antisozialen heraus brüllen nach allen möglichen sozialen Einrichtungen, aber in ihren wirklichen Seelenkräften eben durchaus das Antisoziale zum Ausdruck bringen. "[31]

Der junge Mensch kann an einem materialistischen Weltbild kein wirkliches Interesse und daher auch keine wirkliche Liebe zu Mensch und Welt entwickeln, weil sie ihm geist- und seelenlos erscheinen müssen. Die Entwicklung allgemeiner Menschenliebe jedoch, wie sie ab dem Jugendalter möglich wird, bildet erst die Voraussetzung dem Ideal wahrer Brüderlichkeit später bewusst nachstreben zu können.

Brüderlichkeit

Brüderlichkeit sieht im anderen Menschen den Menschenbruder, den Weg zu ihrer Verwirklichung beschreibt Rudolf Steiner im so genannten sozialen Hauptgesetz: *„Das Heil einer Gesamtheit von zusammenarbeitenden Menschen ist um so größer, je weniger der einzelne die Erträgnisse seiner Leistungen für sich beansprucht, das heißt, je mehr er von diesen Erträgnissen an seine Mitarbeiter abgibt, und je mehr seine eigenen Bedürfnisse nicht aus seinen Leistungen, sondern aus den Leistungen der anderen befriedigt werden."*[32]

Das Feld, auf dem wir diese brüderliche Haltung vor allem erüben können, ist das des Wirtschaftslebens. Wenn wir in dieses soziale Feld hineinschauen, können wir erkennen – auch selbsterkennend -, wie sehr gerade dort die entgegengesetzte Stimmung, also Egoismus vorherrschend ist und das Ideal der „Freiheit" ausgelebt werden will; dies führte und führt zu elenden Zuständen von großen Teilen der Menschheit, aber auch der Erde selbst.

Das heutige Schulsystem

Blicken wir darauf, was das heutige Schulsystem von den Jugendlichen fordert, können wir erkennen, dass weniger das Welt-Interesse als der Egoismus des einzelnen befördert wird. Es geht darum, Anforderungen zu erfüllen, Kompetenzen zu entwickeln, Punkte zu sammeln, sich Stoff für Prüfungen anzueignen und gute Abschlüsse zu erreichen, um später einmal genug Geld verdienen zu können. Ob und wie sich der junge Mensch mit diesen Anforderungen verbinden kann, spielt keine Rolle, wenn er denn nur die Erwartungshorizonte erfüllt. Was für die Prüfungen – ohne sich wirklich damit verbunden zu haben – gelernt wird, wird meist ebenso schnell wieder vergessen. Insbesondere in Zeiten zunehmender Digitalisierung und der damit verbundenen Faszination für (junge) Menschen wäre es umso wichtiger, wenn in Schule, Ausbildung und Hochschule Menschen tätig sind, die durch ihr Können und ihre Kenntnisse junge Menschen wirklich zu fesseln vermögen, die ihr Interesse an der Welt und ihre Liebe zum Menschen erwecken können.

Waldorfpädagogik = Waldorfschule?

Die im Titel erwähnte Frage darf zunächst für Irritationen und weitere Fragezeichen sorgen. Ist das denn nicht das Gleiche? Waldorfschule und Waldorfpädagogik?

Waldorfschule und Waldorfpädagogik

Schon rein äußerlich betrachtet muss dies durchaus nicht das Gleiche sein. Waldorfschule darf sich heute nur nennen, wer dazu vom Bund der Freien Waldorfschulen die Lizenz erhalten hat, denn der Begriff „Waldorfschule" (und auch Rudolf-Steiner-Schule) ist seit

1983 patentiert. Allein der Bund der Freien Waldorfschulen hat – nach eigenen Kriterien und Richtlinien – das Recht diesen Namen zu vergeben. „Waldorfschule" bzw. „Rudolf-Steiner-Schule" kann sich mithin eine Institution nennen, die dieses Recht nach Durchlaufen entsprechender Verfahren und Erfüllung gewisser Kriterien erworben hat, begleitet von so genannten Gründungsberatern des Bundes.

Bei der Waldorfpädagogik, die als Begriff nicht „geschützt" ist, handelt es sich – wie der Name schon sagt – nicht um eine Institution, sondern sie ist der heute gebräuchliche Name einer Pädagogik, für die Rudolf Steiner aus der Anthroposophie heraus Anregungen gegeben hat. So wenig wie die Anthroposophie ist Waldorfpädagogik an bestimmte Institutionen gebunden. So sehr der Name einer Institution zwar Erwartungen an die darin praktizierte Pädagogik hervorruft, so wenig kann diese allein aufgrund des Namens garantiert werden- trotz Namensrecht.

Geschichte des Namens

Der Name „Waldorfpädagogik" hängt allerdings sehr eng mit der Geschichte der ersten Schule überhaupt zusammen, die 1919 in Stuttgart auf Initiative von Emil Molt, Besitzers der Zigarettenfabrik „Waldorf Astoria", für die Kinder der Fabrikarbeiter gegründet wurde. Emil Molt finanzierte diese Schule aus seinem Vermögen, war also mithin der Sponsor der Schule. Daher tauchte der Name der Fabrik im Namen der Schule auf, was wiederum zur Bezeichnung der darin praktizierten Pädagogik als „Waldorfpädagogik" geführt hat.

Rudolf Steiner hielt, so oft und lange er konnte, gemeinsam mit den LehrerInnen der ersten Waldorfschule die Konferenzen ab. In der Konferenz vom 29.Juli 1920, also ein knappes Jahr nach Gründung der Schule, ging es auch um ihren Namen. Von Seiten eines Kollegen wurde Kritik an dem Namen (Waldorfschulverein) geübt. In diesem Zusammenhang führte Rudolf Steiner aus, dass ein eventuell neuer Name der Schule nicht mit seinem eigenen Namen, aber auch nicht mit „Anthroposophie" verbunden werden solle, sondern es müsse *etwas sein, was hinweist auf Zukunft. Da müsste man scharf nachdenken, auf etwas, was darauf hinweist, dass es sich um staatslose Schulen handelt. Staatslosigkeit, die Begründung der Schule ohne den Staat, dass diese Sache sichtlich zum Ausdruck kommt. Das kommt nur durch eine neutrale Bezeichnung zum Ausdruck. Das haben wir in der Waldorfschule durch „frei" zum Ausdruck gebracht. Die Bezeichnung der 'Freien Waldorfschule'" war gut für den ersten Anfang."*[33]

Waldorfschule als Kompromiss

Die erste „Freie Waldorfschule" stellte bereits einen Kompromiss dar, da sie nicht in völliger Unabhängigkeit von staatlicher Aufsicht und Vorgaben begründet werden konnte. Aufgrund einer – wie Rudolf Steiner es nannte – „Lücke" im damaligen Schulgesetz war es Rudolf Steiner jedoch möglich Lehrer unabhängig von einer staatlichen Lehrerprüfung zu berufen und damit die Menschen, die er für diese Aufgabe für befähigt hielt. Einen Lehrplan sollte es für eine freie Schule nicht geben, der Unterricht und seine Inhalte sollte sich nach den Kindern richten. Um die Genehmigung für die Schule zu erhalten, arbeitete Rudolf Steiner für die Behörden einen Kompromiss aus: Im 3., 6. und 8. Schuljahr sollten die Schüler die damaligen Lehrziele der staatlichen Schulen erreicht haben, um problemlos auf andere Schulen wechseln zu können. In den Zwischenzeiten sollte der Lehrplan von den Lehrern völlig frei gestaltet werden können.

Es war sicherlich kaum je deutlicher als heute, dass die „Freien Waldorfschulen" keineswegs frei vom Staat sind – und dies in jeglicher nur denkbaren Hinsicht. Inwiefern es überhaupt noch berechtigt ist den von Rudolf Steiner für den ersten Anfang passenden Namen zu verwenden könnte einmal grundsätzlich befragt werden.

Wie aber sieht es mit der Waldorfpädagogik aus, wenn doch die entsprechenden Institutionen, d.h. Waldorfschulen, die Hoffnungen und Erwartungen Rudolf Steiners an ein vom Staat befreites Bildungswesen bisher nicht erfüllen konnten?

Rudolf Steiner als „Waldorfpädagoge"

Rudolf Steiner selbst war in jungen Jahren als Hauslehrer tätig. Damals gab es noch keine Schulbesuchspflicht und viele Familien, die es sich leisten konnten, beschäftigten private Lehrer. Rudolf Steiner finanzierte sich mit dieser Lehrtätigkeit sein Studium und machte dabei vielfältige Erfahrungen, die eindrücklichste wohl mit einem als „bildungsunfähig" geltenden Kind, das dank der pädagogischen Kunst Rudolf Steiners schließlich Medizin studierte und Arzt wurde. Pädagogik ganz ohne Institution, aber wohl im besten Sinne des Wortes „Waldorfpädagogik", wenngleich es diesen Begriff zu der in Frage stehenden Zeit noch gar nicht gab.

Die ersten WaldorflehrerInnen und die LehrerInnen an den Waldorfschulen weltweit haben viel zur Entwicklung, Entfaltung und Wirksamkeit einer Pädagogik beigetragen, die auf den Grundlagen der Anthroposophie fußt. Viele haben dafür auch große persönliche Opfer gebracht! Daher hat die gedankliche Verbindung zwischen Waldorfschule und Waldorfpädagogik durchaus ihre Berechtigung und würdigt diesen Umstand, Dankbarkeit gebührt den vielen Pionieren!

Andererseits kann es auch zu einer Fessel werden, wenn Waldorfpädagogik und Waldorfschule quasi synonym benutzt werden. Zum einen vernachlässigt man damit die frühe Kindheit und die Waldorfkindergärten, zum anderen erweckt es den Eindruck, als ob Waldorfpädagogik nur in Institutionen praktiziert bzw. dort hin delegiert werden könnte oder gar müsste.

Erziehungsfrage als Kinderfrage

Vom Pädagogen, und in gewisser Weise auch vom Kind aus betrachtet, ist Pädagogik in erster Linie eine Frage an den Einzelnen, also eine Frage der inneren Haltung und Seelenverfasstheit des Erziehers. Rudolf Steiner drückte es einmal so aus: *„Dieses mutvolle sich Hineinwagen in das Leben braucht der Lehrer und Erzieher - wie überhaupt die Erziehungsfrage gar nicht eine Lehrer-, sondern eine Kinderfrage ist."*[34]

Es geht also nicht um die Frage der LehrerInnen: „Wie erziehen wir die Kinder?", sondern um die Frage der Kinder an die LehrerInnen: „Wie erzieht Ihr Euch"?

Damit wird deutlich: Waldorf-Pädagoge wird, wer sich dieser Frage stellt. Mit einer Institution hat das zunächst einmal gar nichts zu tun. Diese unausgesprochene Frage der Kinder an die Erwachsenen könnte man auch anders formulieren: Wie lernt Ihr? Wie entwickelt Ihr Euch? Was lernt Ihr durch uns? Es ist die Frage nach dem Entwicklungsweg oder auch Schulungsweg des Pädagogen. Da aber jeder Mensch auf einem Entwicklungsweg ist und diesen bewusst ergreifen *kann*, betrifft diese Frage jeden Menschen, auch diejenigen, die nicht Lehrer sind oder werden wollen. Es ist eine das ganze Menschsein betreffende Frage. Auf diesem Weg kann die Anthroposophie für den, der sie sucht, eine große Hilfe sein. So wie sie auch eine große Hilfe sein kann, wenn man vor die Aufgabe gestellt ist, Kinder auf Grundlage wahrer Menschenerkenntnis bei ihrem Weg in die irdischen Verhältnisse zu begleiten und zu fördern.

Agenten des Wandels

Kürzlich las ich den für mich sehr ermutigend klingenden Begriff „Agent oder Agentin des Wandels". Gerade in der heutigen Zeit in diesem Sinne „Under-Cover" unterwegs zu sein, das könnte doch richtig Freude bereiten! Ja, solche Agenten können wir alle werden, indem wir mit unserem inneren Wandel beginnen. Und wenn sich dann Menschen zusammenfinden, die diesen Wandel auf den Grundlagen der Anthroposophie anstreben und es sich zur Aufgabe gemacht haben „Menschenpfleger" – wie Rudolf Steiner es im Grundsteinspruch der 1. Waldorfschule genannt hat – zu werden, dann können Orte („Stätten") geschaffen werden, an denen die Kinder Gehör für und vielleicht auch Antworten auf ihre vielen unausgesprochenen Fragen finden.

Grundstein-Spruch für die Freie Waldorfschule Stuttgart

Es walte, was Geisteskraft in Liebe
Es wirke, was Geisteslicht in Güte
Aus Herzenssicherheit
Aus Seelenfestigkeit
Dem jungen Menschenwesen
Für des Leibes Arbeitskraft
Für der Seele Innigkeit
Für des Geistes Helligkeit
Erbringen kann.
  Dem sei geweiht diese Stätte:
  Jugendsinn finde in ihr
  Kraft begabte, Licht ergebene
  Menschenpfleger.
In ihrem Herzen gedenken des Geistes,
der hier walten soll, die, welche
den Stein zum Sinnbild
hier versenken, auf daß
er festige die Grundlage,
über der leben, walten, wirken soll:
  Befreiende Weisheit,
  Erstarkende Geistesmacht,
  Sich offenbarendes Geistesleben.
Dies möchten sie bekennen:
  In Christi Namen
  In reinen Absichten,
  Mit gutem Willen

Rudolf Steiner[35]

Das Atmen des Schulkindes als pädagogische Aufgabe

„(...) und die Erziehung wird darin bestehen müssen, richtig atmen zu lehren." Rudolf Steiner[36]

Viel wurde bereits darüber gesprochen bzw. geforscht, welche Folgen das Tragen von Masken für die Schulkinder aus medizinischer und psychologischer Sicht hat.

Die zentrale Aufgabe der Waldorfpädagogik

In diesem Zusammenhang soll auf ein zentrales Anliegen der Waldorfpädagogik geblickt werden, über das Rudolf Steiner bereits am ersten Tag des 1. Lehrerkurses vor nun mehr als 100 Jahren gesprochen hat. Er wies die LehrerInnen darauf hin, dass es insbesondere ihre pädagogische Aufgabe sei, die Kinder richtig atmen zu lehren.[37] Auf dieses Thema und dessen Zusammenhang mit dem gesamten späteren Leben der Kinder ist Rudolf Steiner dann auch später in

verschiedenen anderen pädagogischen Vortragszyklen explizit eingegangen.[38]

Der Atem hängt mit dem gesamten Lebenslauf des Menschen innig
zusammen: Das Leben beginnt mit dem Einatmen und endet mit
dem Ausatmen, wir können es auch als einen einzigen großen
Atemzug betrachten. Mit dem ersten Atemzug verbindet sich das
geistig-seelische Wesen des Kindes so mit seinem irdischen Kleid,
dass es ab diesem Zeitpunkt in Austausch mit der Außenwelt tritt;
häufig folgt auf den ersten Atemzug auch eine seelische Äußerung,
in der sich ein Inneres hörbar kund tut: Der erste Schrei. Mit dem
letzten Atemzug löst sich das Seelenwesen des Menschen wieder
aus seinem – nun verwandelten – Leib und kehrt in seine geistige
Heimat zurück.

Die kindliche Entwicklung als Inkarnationsprozess

In der pädagogischen Schrift „Die Erziehung des Kindes vom Ge-
sichtspunkt der Geisteswissenschaft" zeigt Rudolf Steiner auf, wie
sich das geistig-seelische Wesen des Kindes im Laufe seiner Entwicklung immer tiefer mit seiner Leiblichkeit verbindet, bis es etwa
mit 21 Jahren gänzlich eigenverantwortlich und selbständig seinen
irdischen Lebensweg beschreiten kann. Dieser Entwicklungspro-
zess lässt sich auch am Atem beobachten. Wer einmal einem kleinen Kind, während es schläft, zugehört hat, wird bemerken, dass
es wesentlich schneller und flacher atmet als ein Erwachsener.[39]
Auch der Puls der kleinen Kinder ist noch deutlich höher als der der
Erwachsenen. Erst mit der Pubertät hat die Lunge annähernd ihre
endgültige Größe erreicht und damit das Atemvolumen eines Erwachsenen. Das bedeutet, dass sich der Atem im Laufe der Entwicklung vertieft und verlangsamt, das Seelenwesen zieht mit dem
Atem immer tiefer in den Leib ein, es inkarniert sich. Dieser

Inkarnationsprozess über die Atmung dominiert vor allem die kindliche Entwicklung im Alter zwischen 7 und 14 Jahren. Er geht einher mit einer Veränderung des Verhältnisses der Atem-/Pulsfrequenz, dem Wachstum der Muskulatur, dem Wachstum bzw. der Ausbildung des weiblichen oder männlichen Skeletts sowie der Ausreifung der Geschlechtsorgane.

In einem Vortrag zur „Sozialen Hygiene" macht Rudolf Steiner 1920 darauf aufmerksam, was es bedeutet, wenn die Kinder während dieser Entwicklungszeit nicht richtig atmen können: *„Man kann gar nicht eigentlich, ohne wirklich umfassend den Menschen zu kennen, ermessen, was es heißt: die Kinder sitzen in der Schule mit gebückten Rücken, so daß fortwährend ihre Atmung in Unordnung ist, oder Kinder werden nicht angehalten, laut und deutlich, deutlich vokalisierend, deutlich konsonantisierend zu sprechen. **Das ganze spätere Leben hängt im Wesentlichen davon ab, ob das Kind in der Schule in der richtigen Weise atmet und ob es angehalten wird, laut und deutlich und artikuliert zu sprechen.**"*[40] (Hervorhebung d. Verf.) An anderer Stelle betont Rudolf Steiner, dass die Kinder, wenn sie nicht richtig atmen lernen, in ihrem gesunden Wachstum behindert und dadurch nicht unbedingt äußerlich sichtbar, aber innerlich stark beeinträchtigt werden, und zwar mit Folgen für ihr gesamtes späteres Leben.[41]

Gesundes Atmen durch Sprechen und Singen

Da der Atemprozess als solcher ein halbbewusster ist, darf er es für die Kinder auch bleiben, damit er sich gesund entwickeln kann. Nicht durch bewusste Atemübungen wird Einfluss auf den Atem der Kinder genommen, sondern indem die PädagogInnen das schöne, mit Gefühl und Rhythmus durchlebte Sprechen und Singen mit den Kindern praktiziert, harmonisieren sie den Atem, indem dieser sich dem Sprechen und Singen anpasst. Auf diese Weise wird eine gesunde Entwicklung der Kinder, wird der gesamte Inkarnationsprozess in einer heilsamen Weise gefördert.

Die Veränderung des Atmens durch Masken

Durch das Tragen von Masken verändert sich nicht nur der CO_2-Gehalt in der Atemluft – wie in einer Studie[42] nachgewiesen wurde -, sondern darüber hinaus auch der Atem als solcher, der einen Ausgleich für die veränderte Atemluft zu schaffen versucht. Dadurch kann äußerlich der Anschein erweckt werden, dass den Kindern das Tragen von Masken nichts ausmacht und sie nach einer gewissen Gewöhnungszeit gut damit zurechtkommen. Die Forscher der genannten Studie hatten beobachtet – und das könnte jeder einmal selbst versuchen zu verifizieren -, dass jüngere Kinder mit Maske schneller und flacher, ältere dagegen tiefer atmen als ohne Maske.

Wenn die jüngeren Schulkinder nun schneller und flacher atmen, fallen sie sozusagen in dieser Hinsicht wieder zurück in vergangene Entwicklungsperioden, in denen sich das Seelenwesen noch nicht so tief mit dem Leib verbunden hatte. Dies bedeutet andererseits, dass durch das flachere Atmen der weitere Entwicklungs- und Wachstumsprozess behindert wird. Aus diesem Grund hat das Tragen von Masken für Kinder noch einmal eine ganz andere Bedeutung als für Erwachsene.

Kann man einen Ausgleich schaffen?

Rudolf Steiner macht in dem obigen Zitat darauf aufmerksam, wie ungesund bereits das viele – gebückte – Sitzen für die Entwicklung der Kinder ist. Nun wird durch die Masken nachhaltig, über den gesamten Schultag, in den Atem der Kinder auf vielfache Weise eingegriffen, es werden Bedingungen geschaffen, die die Aufgabe der LehrerInnen nicht nur erschweren, sondern dieser Aufgabe und den sonstigen Bemühungen der WaldorfpädagogInnen geradezu entgegenarbeiten. In Zeiten, in denen die Kinder Masken tragen müssen, müsste man eigentlich viele Stunden des Tages mit ihnen singen, musizieren und Sprachübungen - ohne Maske - machen, um dies wieder auszugleichen... - Ansonsten trägt man als LehrerIn – ob bewusst oder unbewusst – mit dazu bei den Inkarnationsprozess der Kinder zu behindern anstatt ihn zu fördern und zu unterstützen. Die gesundheitlichen und seelischen Folgen für das spätere Leben werden sich dann in vollem Umfang erst im Erwachsenenleben der heutigen Kindergeneration zeigen.

Freiheit und Verantwortung: Der Pädagoge Heinrich Pestalozzi

„Wir sind einmal in der Zeitepoche der Menschheitsentwicklung, wo die Götter gleich helfen, wenn die Menschen ihnen entgegen kommen, aber wo die Götter darauf angewiesen sind nach ihren Gesetzen, mit freien Menschen, nicht mit Puppen zu arbeiten"

Rudolf Steiner[43]

Skulptur des Pädagogen Johann Heinrich Pestalozzi,
Yverdon-les-Bains, Schweiz

Vorbemerkung: Bei diesem Beitrag wird vorausgesetzt, dass sich diejenigen, die sich darüber ein Urteil erlauben wollen, mit den Grundzügen von Reinkarnation und Karma beschäftigt haben, wie sie als Ideen von Rudolf Steiner entwickelt wurden. (Wer sich in dieses Thema einlesen möchte, dem sei folgende Lektüre empfohlen: Rudolf Steiner, Wiederverkörperung und Karma und ihre Bedeutung für die Kultur der Gegenwart, GA 34.) Ich hoffe allerdings, dass dieser Beitrag auch für jene verständlich ist, denen dieses Thema zwar neu ist, die aber dafür aufgeschlossen sein können.

Rudolf Steiner hat die Entwicklung verschiedener Persönlichkeiten über mehrere Inkarnationen, d.h. Wiederverkörperungen, verfolgt und im Rahmen seiner so genannten „Karma-Vorträge" dargestellt. Eine eindrückliche Inkarnationsreihe beschreibt er für die Individualität des bekannten Pädagogen Johann Heinrich Pestalozzi. Die Schilderungen zeigen, wie ein Mensch als „Kind" seiner Zeit zu bestimmten Handlungen veranlasst, ja in gewissem Sinne gezwungen wird, die er im Grunde ablehnt. Es wird jedoch auch deutlich, dass dem Menschen die Folgen seiner Taten immer entgegenkommen werden, unabhängig davon, ob sie zur betreffenden Zeit als angebracht beurteilt werden und damit entschuldbar erscheinen. Gerade die Biografie von Heinrich Pestalozzi ist zudem ein schönes Beispiel dafür, wie Versäumnisse und Verfehlungen aus vergangenen Erdenleben so ausgeglichen werden können, dass sie dem Wohle der Menschheit, in diesem Falle der Kinder, dienen.

Tiefes Mitleid mit den Sklaven – Liebe zu den Kindern

Es wird begonnen mit der Darstellung einer Situation, die sich im 1. Jahrhundert vor Christus zugetragen hat. Rudolf Steiner schildert einen Sklaven-Aufseher: Man solle sich vorstellen, dass die Sklaven-Aufseher zur damaligen Zeit durchaus schon gebildete Menschen waren. Dieser Sklaven-Aufseher hatte eine Gruppe von

Sklaven zu befehligen. Er selbst war, wenn er sich selbst folgte, eine durchaus liebenswürdige und auch milde Persönlichkeit, er hatte eigentlich den Willen den Sklaven das Leben so angenehm wie möglich zu machen. Sein „Chef", der Sklaven-Halter war aber eine sehr brutale und raue Persönlichkeit, die ebensolche Befehle erteilte. Der Sklaven-Aufseher folgte gemäß der damaligen Sitte, wenn auch widerwillig, diesen brutalen Befehlen und setzte sie in der Behandlung der Sklaven um. Er handelte damit gegen seine eigene Natur. *„Diese Seele war also nicht das, was sie hätte sein sollen, sondern im Grunde genommen hatte sie tiefes Mitleid, tiefe Liebe mit all den unglücklichen Sklaven, an denen sie die Grausamkeiten vollziehen mußte."*[44] Rudolf Steiner schildert nun das Schicksal des Sklaven-Halters („Chef") und des Sklaven-Aufsehers (später „Pestalozzi") sowie der Sklaven über zwei weitere Inkarnationen. Es soll hier nur auf die letztere eingegangen werden.[45] Der eigentlich gutmütige Sklaven-Aufseher wird – in der übernächsten Inkarnation – als der berühmte Erzieher Johann Heinrich Pestalozzi wiedergeboren, die Sklaven als seine Schüler. Pestalozzi nimmt sich jetzt dieser Kinder ganz besonders an und erzieht sie mit Milde und großer Begeisterung; diesen Eindruck hinterlässt auch die Skulptur, die oben auf dem Foto zu sehen ist. Dadurch – so Rudolf Steiner – sei dann der karmische Ausgleich zwischen ihm und den Kindern erzielt worden.

Sind wir wie wir sein wollen?

Schauen wir uns die Ausgangssituation an, so können wir sehen, dass zwar der brutale Sklaven-Halter als „Chef" die größte Verantwortung für die grobe Behandlung der Sklaven trug, dass aber auch der Sklaven-Aufseher – später Pestalozzi – dafür verantwortlich war und sich daher etwas auf sein „karmisches Konto" geladen hatte, was später wieder ausgeglichen werden musste, indem er zum Erzieher, zum hingebungsvollen Erzieher der ihm anvertrauten Kinder wurde.

Im Folgenden soll nun weniger auf die äußeren, denn auf die inneren Umstände geschaut werden: Da gab es einen Menschen, den Sklaven-Aufseher, der innerlich bestimmte Qualitäten, auch moralische Qualitäten ausgebildet hatte. Aufgrund von Befehlen „von oben" sowie der damaligen sozialen Umstände folgte er seiner eigenen inneren Natur nicht. An dieser Stelle unterbricht Rudolf Steiner kurz seine Schilderungen und richtet folgende Frage an die Zuhörer: *„Denken Sie sich nur: Sind denn heute die Menschen immer so, wie sie heute eigentlich sein wollen? - Sie denken eben nicht nach, ob sie so sind, wie sie sein sollten. Dadurch belügen sie sich über die Disharmonie zwischen dem, was sie sind, und was sie sein möchten."*[46]

Die Götter helfen dem, der sich selbst folgt

Wie viele Menschen stehen heute in der Situation Verordnungen Folge leisten zu müssen, die sie zu Taten veranlassen, die ihrem eigenen inneren Wesen widersprechen? (Neben anderen, die genau diesen Regeln aus innerer Überzeugung folgen.) Und wie viele Menschen kommen damit in Situationen, die im Grunde unerträglich sind. Die Konsequenzen zu tragen, wenn man in dieser Situation seinem inneren eigenen Wesen folgt, sind das eine, die Konsequenzen zu tragen dem Innersten nicht zu folgen, das andere. Verantwortung tragen wir für jede Tat, die wir vollziehen, aber auch für jede, die wir unterlassen.

An dieser Stelle möchte ich auf die oben bereits zitierten Äußerungen Rudolf Steiners zurückkommen, sie seien hier noch einmal aufgeführt: *„Wir sind einmal in der Zeitepoche der Menschheitsentwicklung, wo die Götter gleich helfen, wenn die Menschen ihnen entgegen kommen, aber wo die Götter darauf angewiesen sind* *nach ihren Gesetzen, mit freien Menschen, nicht mit Puppen zu arbeiten".*[47] An anderer Stelle verwendet Rudolf Steiner in einem ähnlichen Zusammenhang statt „Puppen" das Wort „Marionetten", die an Fäden geführt werden. In der jetzigen Situation können wir beobachten, wie Menschen immer mehr an Fäden geführt werden und sich führen lassen. Wer dies nicht tut, sondern einen selbst verantworteten Lebensweg gehen will, erlebt nun, wie der äußere Raum dafür immer enger wird, unsere äußere Freiheit wird immer stärker beschnitten und wir können äußerlich wie innerlich in Situationen geraten, die ausweglos erscheinen. Wer sich aber jetzt an die geistige Welt wendet, z.b. in dem Bewusstsein, wie es im nächsten Beitrag „Unsere Verbindung mit den geistigen Mächten" als eine ganz konkrete Möglichkeit beschrieben wird, der wird erleben dürfen, dass ihm die geistige Welt auch zur Hilfe kommt! Nur den freien Menschen können und dürfen die guten geistigen Mächte helfen, nur denen, die sich von ihnen helfen lassen wollen.

"Frei ist nur der Mensch, insofern er in jedem Augenblicke seines Lebens sich selbst zu folgen in der Lage ist."[48], so Rudolf Steiner in der „Philosophie der Freiheit". In diesem Sinne haben wir alle die Möglichkeit uns auf den Weg zur Freiheit zu begeben, auch oder gerade in der jetzigen Zeit. Folgen wir uns selbst, wachsen uns Kraft und Stärke zu und wir ermutigen damit auch andere immer mehr zu werden, wer sie eigentlich sind.

Unsere Verbindung mit den geistigen Mächten und die Waldorfpädagogik

Wer heute als Pädagoge, als Lehrerin arbeiten möchte und dessen Herz für die Kinder schlägt, dem wird es immer schwerer in den gegenwärtigen Verhältnissen unter Berücksichtigung aller Vorschriften und Maßnahmen tätig zu werden. Und so stehen viele LehrerInnen, aber auch Eltern, in einer Situation, in der ihnen klar wird: Das gegenwärtige Bildungs- und Schulsystem ist endgültig zu einer Sackgasse geworden, hier geht es nicht mehr weiter. Es sind

LehrerInnen und Eltern aller Schulformen, der staatlichen Schulen und der Freien Schulen, zu denen auch die Waldorfschulen gehören. Nicht wenige haben sich aus diesen Gründen beurlauben lassen, sind krank geschrieben oder gar ganz aus dem Schuldienst ausgeschieden. Wer in einer Sackgasse gelandet ist, der weiß erst einmal nicht, wie es weitergehen soll. Umdrehen macht keinen Sinn und vor sich sieht man lediglich eine meterhohe Wand.

Schnelle Antworten gibt es nicht

Bedingt durch die äußeren Verhältnisse wie Schulpflicht, aber auch das immer stärkere Hineinregieren des Staates in einen gesellschaftlichen Bereich, der in die Freiheitssphäre der Beteiligten gehören müsste, schafft ein Gefühl der Ohnmacht. Gibt es überhaupt noch irgendeinen Weg für eine wirklich kindgerechte, menschengemäße Pädagogik?

Auf diese Fragen kann es keine schnellen Antworten geben und dieser Beitrag erhebt auch nicht den Anspruch dies zu tun. Klar ist nur: So kann es nicht weitergehen! Und – wir haben eine lange Wegstrecke hinter uns, die uns an genau diesen Punkt geführt hat.

"Wahrhaftige soziale Umgestaltung kann nur aus spirituellen Impulsen kommen." [49], so Rudolf Steiner am 12. September 1919, also kurz nach der Katastrophe des ersten Weltkrieges, anlässlich der Eröffnung des Rudolf-Steiner-Hauses in Berlin.

Ohne spirituelle Impulse, die in uns Menschen wirksam werden, wird sich nichts verändern. Es wird in derselben Richtung weitergehen wie bisher.

Waldorfpädagogik neu impulsieren?

Nachdem mehr als 100 Jahre Waldorfpädagogik vergangen sind, wird es darauf ankommen, ob die Impulse dieser Pädagogik neu ergriffen werden – oder ob dieser Impuls erstirbt. In den vergangenen Jahren gab es immer wieder Menschen, die dies erkannt oder gespürt hatten und sich daher darum bemühten oder auch forderten zu den „Quellen" zurückzukehren. Unter „Quellen" verstand man Vorträge oder Schriften Rudolf Steiners. Die Beschäftigung mit diesen Texten ist sicherlich ein entscheidender erster Schritt hin zur Quelle. Doch wie finden wir diese Quelle letztendlich? Was ist denn die Quelle überhaupt? Anthroposophie kann eine Brücke sein, kann auch selbst Quelle sein, kann uns eine Hilfe sein bei unserer Suche nach der Quelle, bei unserer Suche nach dem, wo die spirituellen Impulse herkommen. Letztlich geht es darum, dass wir die Verbindung zu dieser Quelle in uns selbst, in unseren Herzen wiederfinden.

Im 1. Vortrag der Allgemeinen Menschenkunde, der den 14tägigen Vorbereitungskurs für die zukünftigen WaldorflehrerInnen eröffnete, weist Rudolf Steiner am 21. August 1919 auf folgende Situation hin:

„(...) Wir müssen uns bewußt sein bei einer solchen Aufgabe, daß wir nicht arbeiten bloß als hier auf dem physischen Plan lebende Menschen; diese Art, sich Aufgaben zu stellen, hat ja gerade in den letzten Jahrhunderten besonders an Ausdehnung gewonnen, hat fast einzig und allein die Menschen erfüllt. Unter dieser Auffassung der Aufgaben ist dasjenige aus Unterricht und Erziehung geworden, was eben gerade verbessert werden soll durch die Aufgabe, die wir uns stellen. Daher wollen wir uns im Beginne dieser unserer vorbereitenden Tätigkeit zunächst darauf besinnen, wie wir im einzelnen die Verbindung mit den geistigen Mächten, in deren Auftrag und deren Mandat jeder einzelne von uns gewissermaßen wird arbeiten müssen, herstellen." [50]

Es geht um die Herstellung der Verbindung mit den geistigen Mächten, da wir ansonsten nichts Fruchtbares für die Zukunft entwickeln werden. *"Wahrhaftige soziale Umgestaltung kann nur aus spirituellen Impulsen kommen."*

Das ist eine ganz konkrete Aufgabe, die sich für uns heute als gesamte Menschheit, aber auch für jeden einzelnen Menschen stellt. Wir können spüren wie existentiell sie jetzt wird. Ohne die Hilfe der geistigen Welt, ohne dass wir selbst die Verbindung mit ihr suchen, wird es nicht weitergehen, werden wir in der Sackgasse stecken bleiben oder in den Abgrund stürzen.

In Verbindung mit dem eigenen Engel treten

In den bereits erwähnten Berliner Vorträgen gibt Rudolf Steiner einen sehr praktischen Hinweis, wie wir diese Verbindung mit den geistigen Mächten herstellen können. Er weist darauf hin, dass wir in jeder Nacht mit unserem Engel über den darauffolgenden Tag verhandeln(!); in Gemeinschaft mit ihm haben wir eine Vorschau auf den Tag. Nun geht es gar nicht darum zu wissen, was wir da gemeinsam mit unserem Engel geschaut haben, sondern es geht zunächst einmal darum, dass wir diesen Gedanken überhaupt denken. Und dieser Gedanke ist ganz konkret gemeint: *„Nehmen wir an, ganz konkret, der Mensch solle zu irgendeiner Tageszeit, zum Beispiel um zwölf Uhr, etwas tun. Über das, was er da tun soll, war schon Verhandlung zwischen ihm und seinem Angelos in der vorhergehenden Nacht."*[51]

Wir können uns z.B. für die kommende Zeit vornehmen, dass wir uns immer mal wieder den Tag über mit diesem Gedanken beschäftigen, ihn vielleicht nur probeweise denken und als Hypothese mit ihm leben. Und dann können wir uns beobachten, was in unserem Inneren geschieht. Ist es nicht ein völlig anderes Empfinden den Ereignissen des Tages gegenüber, vor allem meinem eigenen Tun und Entschlüssen gegenüber, wenn ich diesen Gedanken denke? Spüre, empfinde ich dadurch nicht die Verbindung mit einer höheren Weisheit? Empfinde ich dadurch – gerade in der jetzigen Zeit – nicht auch mehr Vertrauen, weniger Furcht? Kommen dann vielleicht auch Fragen auf wie: Habe ich das, was ich jetzt gerade tue, wirklich in der Nacht mit meinem Engel verhandelt? Steht das im Einklang damit? So kann sich einfach, indem man jeden Morgen mit dem Gedanken aufwacht: „Ich habe in der Nacht schon meinen heutigen Tag vor mir gesehen", das Leben verändern. Wir beziehen unseren Engel bewusst, durch unser Denken, in unser Leben mit ein. Dann wird er auch mehr Gelegenheit haben uns die Impulse zu senden, die wir benötigen.

Wollen wir eine menschen- und kindergerechte Pädagogik, wie sie von Rudolf Steiner inauguriert war, neu impulsieren, dann wird einerseits das Studium seiner Texte sehr hilfreich sein, andererseits wird es darum gehen, dass wir nun tatsächlich in konkrete Beziehungen zu den Hierarchien, den geistigen Wesen treten. Mit unserem eigenen Angelos können wir den Anfang machen. Wenn sich dann zusätzlich noch die Menschen finden, die in diesem Bewusstsein ein freies Schulwesen, eine kindgerechte Pädagogik zu ihrem Ideal gemacht haben, dann werden sich auch Wege finden, wie dies in kleinen, bescheidensten Anfängen zu verwirklichen ist. Möge uns der Mut nicht sinken diesem Ideal zu dienen!

Vertrauen auf die Hilfe der geistigen Welt

Was auch kommt, was mir auch die nächste Stunde, der nächste Tag bringen mag. Ich kann es zunächst, wenn es mir ganz unbekannt ist, durch keine Furcht ändern. Ich erwarte es mit vollkommenster innerer Seelenruhe, mit vollkommener Meeresstille des Gemütes.

Durch Angst und Furcht wird unsere Entwicklung gehemmt; wir weisen durch die Wellen der Furcht und Angst zurück, was in unsere Seele aus der Zukunft herein will.

Die Hingabe an das, was man göttliche Weisheit in den Ereignissen nennt, die Gewissheit, dass das, was da kommen wird, sein muss, und dass es auch nach irgendeiner Richtung seine guten Wirkungen haben müsste, das Hervorrufen dieser Stimmung in Worten, in Empfindungen, in Ideen, das ist die Stimmung des Ergebenheitsgebetes.

Es gehört zu dem, was wir in dieser Zeit lernen müssen: Aus reinem Vertrauen zu leben, ohne Daseinssicherung, aus dem Vertrauen auf die immer gegenwärtige Hilfe der geistigen Welt. Wahrhaftig anders geht es heute nicht, wenn der Mut nicht sinken soll.

Nehmen wir unseren Willen gehörig in Zucht und suchen wir die Erweckung von innen jeden Morgen und jeden Abend.

Nach Texten von Rudolf Steiner

„Das Gebet stammt in dieser Form nicht unmittelbar von Rudolf Steiner! Die ersten drei Absätze des Textes sind - in teils veränderter Form - zusammengestellt aus drei Textstellen des Vortrags von Rudolf Steiner »Das Wesen des Gebetes« Berlin 17. 2. 1910, GA 059, S. 114, – die beiden letzten Absätze geben in abgewandelter Form einen von Zeylmans van Emmichoven überlieferten Wortlaut wieder, der von Rudolf Steiner stammen soll; vgl. dazu auch (Lit.: Beiträge 098, S. 16) und (Lit.: GA 040a, S. 284-285)]"[52]

Autorennotiz

Antje Bek war 16 Jahre Klassen-
und Sportlehrerin an der Rudolf-
Steiner-Schule Dortmund, bevor
sie Dozentin in der dualen Klassen-
lehrerausbildung am Waldorf-
Institut in Witten Annen wurde.
Sie engagiert sich seit vielen Jahren in der Dortmunder Nordstadt
im Rahmen eines niederschwelli-
gen, interkulturellen waldorfpäda-
gogischen Projektes für die Kinder
des Stadtteils. Heute lebt sie als freischaffende Autorin und Dozen-
tin. Sie ist Mutter von drei Kindern und Omi von drei Enkelkindern.

Anmerkungen, Literaturangaben, Bildnachweise

[1] Rudolf Steiner, Die Erziehungsfrage als Soziale Frage, GA 296, S. 9

[2] https://www.antje-bek.de/blog

[3] https://t.me/Waldorfpaedagogen, In Bewegung: Pädagogik nach Rudolf Steiner,

[4] Rudolf Steiner, Die Erziehungsfrage als soziale Frage, GA 296, S. 17

[5] Genannt sei hier beispielhaft Klaus Schwab, Gründer und Vorsitzender des Weltwirtschaftsforums, der mit seinem Buch „The Great Reset" (auf Deutsch „Der große Umbruch") aus seiner Sicht die heutigen Zustände analysiert und Lösungsstrategien entwickelt.

[6] Ebd., S. 62

[7] https://www.presseportal.de/pm/65487/5122038

[8] Rudolf Steiner, Soziale Ideen - Soziale Wirklichkeit - Soziale Praxis. Band 2, GA 337b, S. 248

[9] Rudolf Steiner, Allgemeine Menschenkunde, GA 293, S. 141

[10] Rudolf Steiner, Die Erziehungsfrage als soziale Frage, GA 296, S. 17

[11] Rudolf Steiner, Soziale Ideen - Soziale Wirklichkeit - Soziale Praxis. Band 2, GA 337b, S. 248

[12] Rudolf Steiner, Die Erziehungsfrage als soziale Frage, 1. Vortrag vom 9. August 1919, GA 296, S. 19

[13] https://dasgoetheanum.com/impfpass-ein-weg-in-die-freiheit-oder-in-die-geschlossene-gesellschaft/

[14] Rudolf Steiner, Die Erziehungsfrage als soziale Frage, 1. Vortrag vom 9. August 1919, GA 296

[15] s. dazu auch S. 47 „Freiheit und Verantwortung – Der Pädagoge Heinrich Pestalozzi"

[16] Anmerkung: Rudolf Steiner schildert diese Inkarnationsreihe in GA 236, S. 48ff und GA 239, 264 ff.

[17] Anmerkung: Es gibt zunehmend mehr Schulkinder, die die frühkindlichen Reflexe noch nicht überwunden haben, dadurch in ihrer Entwicklung und dem Lernen beeinträchtigt sind. Dem versucht man z.B. mit entsprechenden Therapien zum Reflexabbau entgegen zu wirken.

[18] Rudolf Steiner, Die Erziehungsfrage als soziale Frage, 1. Vortrag vom 9. August 1919, GA 296, S. 19

[19] Rudolf Steiner, Fragen der Seele und Fragen des Lebens. Eine Gegenwartsrede, GA 335, 7. Vortrag vom 15. Juni 1920.

[20] Rudolf Steiner, Geisteswissenschaft und Soziale Frage, Erstveröffentlichung: „Lucifer-Gnosis", Nr. 30 u. 32, 1905/06. GA 34, S. 25

[21] Rudolf Steiner, Allgemeine Menschenkunde, GA 293, S. 21

[22] Thomas Pedroli: Gespräche mit Iris, Lernen in der vierten Dimension, Velbert 2018, S. 73

[23] Christina von Dreien, Die Vision des Guten, Jestetten 2018

[24] Christina von Dreien, Die Vision des Guten, Jestetten 2018

[25] Rudolf Steiner, Die Erziehungsfrage als soziale Frage, GA 296, S. 23

[26] https://advance.sagepub.com/articles/preprint/Mental_health_bur-den_of_high_school_students_1_5_years_after_the_beginning_of_the_COVID-19_pandemic_in_Austria/17260130/1

[27] Rudolf Steiner, Menschenerkenntnis und Unterrichtsgestaltung, GA 302a, S. 77

[28] Wegen der besseren Lesbarkeit wird im Folgenden nur die männliche Form verwendet, die weibliche soll aber stets als mitgemeint verstanden werden.

[29] s. Rudolf Steiner, Menschenerkenntnis und Unterrichtsgestaltung, GA 302a, S. 78

[30] ebd. S. 80 f.

[31] ebd. S. 84 f.

[32] Rudolf Steiner, Lucifer – Gnosis - Grundlegende Aufsätze zur Anthroposophie und Berichte aus den Zeitschriften «Luzifer» und «Lucifer – Gnosis» 1903 – 1908 GA 34, S. 213

[33] Rudolf Steiner, Konferenzen mit den Lehrern der Freien Waldorfschule in Stuttgart, GA 300a, S. 185

[34] Rudolf Steiner, Die Kunst des Erziehens aus dem Erfassen der Menschenwesenheit, GA 311, S. 62 ff

[35] Rudolf Steiner, Das Spruchgut für Lehrer und Schüler der Waldorfschule, GA 269, S. 167

[36] Rudolf Steiner, Allgemeine Menschenkunde, GA 293, S. 25

[37] „Grob ausgedrückt, können wir sagen: Das Kind kann noch nicht innerlich richtig atmen, und die Erziehung wird darin bestehen müssen, richtig atmen zu lehren." Rudolf Steiner, Allgemeine Menschenkunde, GA 293, S. 25

[38] s.a. GA 301, 7.5.20, GA 311, 18.8.1924

[39] https://flexikon.doccheck.com/de/Atemfrequenz
- beim Neugeborenen etwa 40-45 Atemzüge/min
- beim Säugling etwa 35-40 Atemzüge/min
- beim Kleinkind etwa 20-30 Atemzüge/min
- beim Kind etwa 16-25 Atemzüge/min
- beim Erwachsenen etwa 12-18 Atemzüge/min

[40] Rudolf Steiner, Die Hygiene als soziale Frage, Vortrag vom 7. April 1920, GA 314, S. 23,

[41] „Gerade an dem, was das Kind innerlich musikalisch erlebt, kann man Einsichten bekommen, wie sich diese drei kindlichen Lebensperioden voneinander unterscheiden. In der ersten Lebensperiode, bis etwa zum vollendeten neunten Jahre hin, will das Kind alles, was an es herandringt, in innerlichen Rhythmen, in innerlich Taktmäßigem ausleben, das sich mit seinem Atmungs- und

Herzrhythmus zusammenfügt, und dadurch mittelbar wiederum mit dem, wie die Muskeln, wie die Knochen sich gestalten. Und wenn es sich nicht zusammenfügt, wenn das eine gewissermaßen nicht in das andere übergeht, so entwickelt sich der Mensch eben, nicht gleich äußerlich sichtbar, aber doch als eine Art innerlicher Krüppel.", Rudolf Steiner, GA 303, Die gesunde Entwicklung des Menschenwesens, S. 156 f

[42] https://jamanetwork.com/journals/jamapediatrics/fullarticle/2781743

[43] Rudolf Steiner, Die Sendung Michaels, GA 194, S. 211

[44] Rudolf Steiner, Esoterische Betrachtungen karmischer Zusammenhänge, Band V, GA 239, S. 264

[45] Anmerkung: Rudolf Steiner schildert diese Inkarnationsreihe in GA 236, S. 48ff und GA 239, 264 ff.

[46] Rudolf Steiner, Esoterische Betrachtungen karmischer Zusammenhänge, Band V, GA 239, S. 265

[47] Rudolf Steiner, Die Sendung Michaels, GA 194, S. 211

[48] Rudolf Steiner, Die Philosophie der Freiheit, GA 4, S. 130

[49] Rudolf Steiner, Der innere Aspekt des sozialen Rätsels - Luziferische Vergangenheit, ahrimanische Zukunft, GA 193, S. 121

[50] Rudolf Steiner, Allgemeine Menschenkunde, GA 293, S. 17

[51] Rudolf Steiner, Der innere Aspekt des sozialen Rätsels - Luziferische Vergangenheit, ahrimanische Zukunft, GA 193, S. 127

[52] https://anthrowiki.at/Angst#Ergebenheitsstimmung

Bildnachweise